COLLECTION
FOLIO/ESSAIS

Kandinsky

Point et ligne sur plan

Contribution à l'analyse
des éléments de la peinture

*Nouvelle édition établie, présentée
et annotée par Philippe Sers*

*Traduit de l'allemand
par Suzanne et Jean Leppien*

Gallimard

La traduction originale en français de *Point et ligne sur plan* a été faite en 1970 par Suzanne et Jean Leppien qui furent les disciples de Kandinsky au Bauhaus.
C'est dans le respect de ce travail et avec la permission de Jean Leppien que j'ai fait la révision de cette traduction qui est ici présentée au lecteur.

P. S.

Titre original :

PUNKT UND LINIE ZU FLÄCHE
*Beitrag zur Analyse
der malerischen Elemente*

© *Editions Denoël, 1970, pour la traduction française.*
© *Editions Gallimard, 1991, pour l'établissement de la présente édition
par Philippe Sers.*
© *A.D.A.G.P., 1991, pour les œuvres de Kandinsky.*

Né en 1866 à Moscou et mort à Neuilly-sur-Seine en 1944, Kandinsky publia à Munich fin 1911 le premier grand manifeste de l'art abstrait. Parallèlement à une œuvre picturale, graphique, poétique et scénographique d'une grande importance, il poursuivit toute sa vie une recherche théorique désormais reconnue comme capitale qui le conduisit aussi à enseigner aux Vkhoutemas et au Bauhaus.

Ce travail est dédié à la mémoire de Suzanne Leppien.

Que la mémoire de Jean Leppien, disparu juste au moment de l'impression de ce livre, soit associée à cet hommage.

PHILIPPE SERS

PRÉFACE

KANDINSKY PHILOSOPHE II

Le défi de la théorie des formes : En quoi l'art abstrait est-il fondé à devenir support de l'image prophétique ?

> « *Je fus comme frappé par la foudre le jour où pour la première fois, et d'une manière encore générale, je commençai à entrevoir ma route. Je fus terrifié !* »
>
> KANDINSKY
Deuxième lettre à Eddy

La première chose qui nous frappe est sûrement la modestie du titre adopté pour cet ouvrage : *Point et ligne sur plan, contribution à l'analyse des éléments de la peinture*. Et pourtant nous accueillons un livre entier consacré à un sujet d'apparence aussi mince avec une gourmandise spéciale : à la seule lecture du titre, nous entendons déjà crisser la plume, nous voyons glisser le pinceau ou frotter crayon et fusain, parce que la feuille est devant nos yeux, la feuille, la toile ou le panneau, le plan en tout cas, ce plan originaire ou ce plan de base (*Grundfläche*) prêt à accueillir le choc du point ou la caresse de la ligne. Mais c'est aussi pour une autre raison : nous savons que le point et la ligne avec le plan qui les accueille sont l'ensemble des éléments nécessaires pour une théorie des formes[1] et que nous entrevoyons qu'avec Kandinsky ils vont être suffisants pour l'invention de cette théorie, à l'exclusion de toute référence extérieure, puisque nous avons déjà l'exemple de la méthode utilisée dans la théorie des couleurs qu'il nous a proposée quinze ans plus tôt dans *Du spirituel dans l'art et dans la peinture en particulier*.

En effet, ce qui caractérise la théorie des couleurs chez Kandinsky est essentiellement sa cohérence intérieure. L'hypothèse est que la couleur peut être un élément du langage de l'âme. Il faut donc déterminer un point de départ sûr et, à partir de là, mener une analyse ordonnée. Le point de départ est la qualité de la couleur (chaud-froid, clair-obscur). Aussitôt se met en place la spatio-temporalité de l'élément coloré. Le contraste du chaud et du froid – tendance vers le jaune ou vers le bleu – donne la dimension spatiale, déterminée par la tendance du jaune à se rapprocher du spectateur et la tendance du bleu à s'en éloigner. Le contraste du clair-obscur, tendance vers le blanc ou vers le noir, nous confronte à la dimension temporelle du parcours : le blanc contient tous les possibles, silence d'avant la naissance, et le noir les referme, silence après la mort.

Ce point de départ assuré et vérifiable par l'« expérience de l'âme » permet la mise en place de la théorie dans sa dynamique puisque c'est par la logique même des contrastes que les couleurs vont définir leur place et leur sens. Autrement dit, c'est la cohérence intérieure d'une « chromogonie[2] » qui établit la relation des couleurs entre elles tandis qu'à chaque étape, nous sommes invités à en faire la vérification expérimentale. La théorie des couleurs de Kandinsky constitue un modèle de rigueur.

Nous abordons cependant avec une légère appréhension la théorie des formes car nous sommes alertés par certaines remarques que nous trouvons sous la plume de Kandinsky aussi bien dans *Du spirituel dans l'art* que dans *Regards sur le passé* où il nous laisse supposer que la question de la forme n'est pas aussi claire dans son esprit que celle de la couleur. Il faut dire qu'il est alors en pleine fièvre créatrice. C'est pour lui la période du passage à l'art abstrait. Plus exactement, il s'agit d'une période où abstraction et figuration cohabitent dans sa peinture. Les lignes sont alors « sauvages, presque folles », pour reprendre l'expression qu'il applique à son extase devant la représentation de *Lohengrin* au théâtre de la cour[3]. L'angoisse de la forme semble alors chez Kandinsky être à son comble.

C'est le moment où, selon son expression, l'objet doit se « fondre » dans la peinture[4]. Déjà, il a pris conscience de ce que l'objet nuit à la peinture, mais en même temps il est nécessaire que se constitue la logique picturale d'une forme sans objet. On voit alors Kandinsky expérimenter dans sa pratique picturale des formes qui ne sont plus reliées à un objet figuré, tout en restant subordonnées au contenu pictural. Cette période a frappé les commentateurs de l'œuvre peint qui l'ont dénommée période « géniale », manière d'évacuer la question.

On peut en effet sûrement qualifier de génial dans cette période la mise en place qui s'y opère d'une progressive théorie des formes seule apte à autoriser cette disparition de l'objet.

Alors se comprend l'angoisse éprouvée par Kandinsky. Cette angoisse n'est pas nourrie par la crainte de voir la disparition de l'objet emporter avec lui les formes disponibles. Au contraire : picturalement, l'objet en disparaissant laisse la place à une grande richesse de formes, car les possibles théoriques d'une forme non liée à l'objet sont quasi infinis.

La véritable question est double.

D'abord, l'évaluation intérieure a-t-elle une cohérence pour la forme ? En ce qui concerne les couleurs, la source de cette cohérence résidait dans leurs qualités qui, en fait, caractérisaient une certaine relation à l'âme. L'examen des formes semble nous interdire cette immédiateté en raison de leur extrême variété. Par conséquent, la question du point de départ se repose, pleine et entière. Il n'y aura pas de théorie des formes tant que ne sera pas déterminé un point de départ clair et objectif qui puisse servir de base à l'évaluation intérieure. Or, pour les formes, c'est ce point de départ qui manquait dans *Du Spirituel dans l'art* où Kandinsky reconnaît que l'art dit abstrait n'est encore qu'un but lointain et qu'il est encore impossible à la peinture de se passer totalement des formes empruntées à la nature[5]. C'est dans la période du séjour à Goldach que Kandinsky a enfin le temps de poursuivre sa recherche théorique après la fièvre munichoise. Il y jettera les bases

de la théorie des formes et y constituera le
« point de départ[6] ».

Mais il y a ensuite une autre difficulté qu'il
faudra lever. L'art a, selon Kandinsky, une
fonction prophétique[7]. L'artiste est à la pointe
du triangle spirituel et il a la charge de précéder
le mouvement de progrès de l'humanité. Dès
lors, comment concilier la fonction prophétique
de la peinture qui implique, semble-t-il, un
contenu figuratif, avec une disparition de la
représentation ? Autrement dit, comment concevoir un art prophétique non figuratif, telle est la
question.

Essayons d'approfondir un peu. Le prophète
est un inspiré. Il est l'inspiré par excellence, car
il est habité par l'Esprit divin ou Esprit-saint.
Cela signifie qu'il parle de Dieu, qu'il parle au
nom de Dieu. Le modèle prophétique de l'Ancien Testament est Élie, ravi au ciel dans un
char de feu et qui laisse à son disciple Élisée son
manteau, signe de l'esprit prophétique et de sa
puissance[8]. Le prophète rappelle jalousement
ses contemporains à l'amour divin. Ces derniers
sont futiles et inconstants. Ils ne sont pas fidèles
à Yahvé, ils ne placent pas leur confiance en
Lui, mais bien au contraire, négligent Son
amour en se confiant à de faux dieux et en
trahissant Sa loi. Le prophète, lui, place toute sa
confiance en Yahvé qui ne l'abandonnera
jamais. Son discours devient celui de l'Esprit de
Dieu et c'est pour cela qu'il annonce le futur de
l'humanité car, ayant placé son esprit en Dieu,
il échappe à la durée, limitation humaine. En

Dieu, passé, présent et futur sont confondus dans la logique du Plan testamentaire, c'est-à-dire du projet divin sur l'humanité dont nous entretient le discours prophétique.

Mais il y a plus, car outre ce discours qui fait appel à un support essentiellement verbal, il y a un prophétisme spécifiquement fondé sur des *visions*. C'est le prophétisme apocalyptique. Le prophète, dans ce cas, reçoit une révélation (c'est le sens du mot grec dont le terme apocalypse est la transcription), faite précisément sous la forme d'une vision. Après coup seulement, la vision est transmise sous une forme discursive[9].

On peut supposer que l'apparition de cette révélation sous une forme visuelle n'est pas un effet du hasard. Il existe un caractère particulier de la communication visuelle qui la rend essentielle en face de la transmission verbale.

La fonction d'un art prophétique au sens testamentaire s'éclaire donc bien. Il a la charge d'une transmission spécifique s'exerçant par la vision, que le triomphe de l'orthodoxie sur les iconoclastes établit définitivement, dans le monde byzantino-slave tout particulièrement[10].

L'art de Kandinsky est habité, au moment de l'élaboration de la théorie des formes, par l'ensemble de ces préoccupations prophétiques.

Il est notable en effet que lorsqu'on regarde le travail pictural de Kandinsky, assez peu d'œuvres ont pour sujet des éléments de la vie quotidienne, qui semble pourtant avoir été fort riche, tant à Schwabing qu'à Murnau. Son inspiration d'une manière générale est majoritairement tournée vers la tradition russe ou les thèmes prophétiques, mais ce sont ces derniers qui dominent et de très loin.

Le thème obsédant pour Kandinsky est visiblement celui du salut des hommes, inlassablement abordé dans son œuvre picturale et graphique comme d'ailleurs dans sa création poétique ou scénographique[11].

Ainsi, nous trouvons chez lui une exploration patiente du *Jardin d'Eden* avec souvent le couple originel présenté comme un couple amoureux. Il y a aussi le thème de *L'Archange* qui peut renvoyer à Michel, Raphaël ou Gabriel, ainsi que le thème du *Déluge*, celui de la destruction de la Cité spirituelle qui est le sujet de la couverture de *Du Spirituel dans l'art* qu'on peut rapprocher aussi bien de la *Destruction de Sodome* que de celle de Jéricho devant les trompettes de Josué puisque les événements bibliques se répondent les uns les autres mais sont aussi des avertissements pour le futur.

Il faut également mentionner quelques autres thèmes quasi permanents et également reliés à la Théophanie. Ainsi en est-il de la représentation de la *Montagne*, présente dans d'innombrables œuvres[12], ou du thème également usuel des *Cavaliers*. Le premier thème est lié aux deux manifestations les plus importantes de la tradition biblique : la première étant le Buisson ardent et la remise à Moïse du Décalogue, manifestation qui eut lieu au Sinaï, la seconde étant la Transfiguration du Christ qui s'effectua aux yeux des apôtres Pierre, Jacques et Jean et qui est réputée avoir eu lieu sur le mont Tabor. La montagne est donc le lieu théophanique par exellence et c'est aussi sur la montagne que fut prononcé le sermon des Béatitudes. Quant aux cavaliers, ce thème s'avoue dans la plupart des cas comme une référence explicite aux Cavaliers de l'Apocalypse de saint Jean qu'évoquent également plusieurs poèmes[13].

Enfin, certains thèmes plus directement reliés à l'art de l'icône doivent être mentionnés. Ainsi, nous avons *Le Jugement dernier* (ou *Résurrection*) qui est dans la tradition byzantino-slave une des icônes apocalyptiques les plus importantes, le thème de *Saint Georges*, si important dans le monde russe avec sa victoire sur le dragon (encore un thème apocalyptique) ou bien le thème de la *Toussaint* qui reprend toutes les figures légendaires des saints de l'Ancien et du Nouveau Testament dans des attitudes tout à fait conformes à la tradition russe[14]. Ajoutons pour terminer cette énumération ces images de Kandinsky que les catalographes regroupent sous la dénomination de « troïka » et qui renvoient à l'évidence à la très importante figure déjà citée du *Char d'Élie*, le prophète que l'Éternel ne voulut point laisser mourir et emporta directement au Ciel – thème fidèlement représenté par la tradition de l'icône.

On voit que si tous ces thèmes de l'art prophétique (l'icône est par essence art prophétique) sont présents dans l'œuvre de Kandinsky, ils reposent sur une figuration précise puisque par essence l'image prophétique est une image

« mystérique » c'est-à-dire manifestant la réalité d'un fait ou d'une vision inspirée[15]. Dès lors se comprend la réticence ou l'angoisse de Kandinsky devant la liberté des formes et se pose la question de la survie de cette préoccupation prophétique si importante en lui, avec l'abandon de la représentation.

La réponse est dans la théorie des formes.

D'entrée de jeu, nous l'avons dit, la théorie des formes présente une difficulté. La question de base est : l'évaluation intérieure montre-t-elle une cohérence pour la forme ?

En effet, la règle de l'évaluation intérieure oblige à constituer la théorie sans aucune référence à la figuration du monde (c'est-à-dire à la forme imitative), mais aussi en se passant totalement des traditions de la pensée analogique ou symbolique, pourtant éminemment sécurisante pour qui s'écarte de la figuration[16].

La théorie doit donc être fondée uniquement sur l'évaluation intérieure. Dès lors se pose la question : quelles formes évaluer, comment les définir, puisque les formes imitées de la nature ou les formes symboliques ne sont pas acceptables comme données de départ, ne constituant pas une logique intérieure. La méthode doit donc être la même que celle de la théorie des couleurs dans *Du Spirituel dans l'art*, mais avec une différence fondamentale. Contrairement au domaine des couleurs, dans le domaine des formes, l'inventaire n'est pas donné. Ainsi le cercle des couleurs, bien défini au départ, se distingue-t-il radicalement de l'insondable flou de l'infini des formes. Ce qui fait qu'à l'indispensable évaluation intérieure s'ajoute le besoin de constituer l'inventaire des formes. La « *morphogonie* » est une nécessité constitutive de la théorie des formes avant d'être un besoin herméneutique.

Observons d'ores et déjà que le principe même de la mise en place d'une morphogenèse en face de la chromogenèse entraîne avec lui un postulat de correspondance des éléments[17]. Cette correspondance doit manifester la cohérence de la théorie des formes (et en même temps son exhaustivité) par une liaison organique avec la théorie des couleurs. De cette manière, bien plus que sur la constatation des assonances ou plus exactement, en même temps que cette constatation, va se fonder la synthèse des arts qui tient un si grand rôle dans la théorie de Kandinsky.

Le « point de départ » de Kandinsky pour la théorie des formes est le *point*. C'est lui qui va constituer l'élément initial de la morphogenèse et il nous est nécessaire de bien comprendre l'analyse que nous propose Kandinsky.

En effet, des deux éléments de base de l'art graphique qui sont le point et la ligne, le point est retenu comme élément initial, comme l'élément de base donné, parce qu'il est l'élément de départ de l'aventure humaine picturale.

D'entrée de jeu, Kandinsky note la coïncidence entre le « zéro » matériel qu'est le point et le départ de cette aventure : « Le point géométrique est un être invisible. Il doit donc être défini comme immatériel. Du point de vue matériel, le point égale zéro.

Mais ce zéro cache différentes propriétés « humaines ». Selon notre conception, ce zéro – le point géométrique – évoque la concision absolue, c'est-à-dire la plus grande retenue, mais qui parle cependant.

Ainsi le point géométrique est, selon notre conception, l'ultime et unique *union du silence et de la parole*. C'est pour cela que le point géométrique a trouvé sa forme matérielle en premier lieu dans l'écriture – il appartient au langage et signifie silence. »

Nous comprenons désormais comment se fait la coïncidence entre le zéro matériel et le point de départ humain. Le point est *à la fois* immatérialité totale et départ de l'aventure graphique : l'image *graphique* de l'union du silence et de la parole. C'est ainsi qu'il trouve sa forme matérielle en premier lieu dans l'écriture[18].

Autrement dit, le point est du point de vue matériel zéro et du point de vue humain concision absolue. Par conséquent, je suis appelé à constater que le moment où la matière est réduite à zéro coïncide avec le départ de l'aventure humaine graphique. Il y a une évidence spirituelle au départ de l'aventure graphique et cette évidence est d'importance, car elle est celle d'un *passage*, comme si le zéro matériel était la condition, le point de passage obligé pour le début de l'écriture, pour le départ de la parole.

L'union du silence et de la parole est ici ultime et unique. Elle est ultime en ce sens que la naissance de la parole marque la fin du silence, donc cette union n'est pas répétable graphiquement. Sur le plan, l'apparition du point, choc et premier contact de l'instrument avec la surface, marque un acte irréversible. En même temps, cette union est unique car parole et silence sont en équilibre au moment de l'apparition du point, mais cet équilibre n'existe qu'à ce moment-là, puisqu'à partir du moment où nous sortons des limites du point par le geste graphique, disparaît à jamais l'une des deux composantes de cet équilibre.

Il reste que dans l'écriture, le point a une signification intérieure et une signification extérieure et l'intérieur s'y trouve caché, « muré » par l'extérieur :

« Dans la fluidité du langage, le point est le symbole de l'interruption, du Non-Être (élément négatif) et en même temps il est le pont d'un être à l'autre (élément positif). Dans l'écriture, c'est cela sa *signification intérieure.* »

Ce détachement du matériel et de l'utilitaire va coïncider avec le début de la théorie des formes. Observons déjà que la notion de désintéressement se situe au centre de l'esthétique kantienne telle que la manifeste la *Critique de la faculté de juger*[19]. Ici, en outre, c'est également de la matérialité que va se détacher le point, ce qui ne peut pas être considéré comme sans rapport.

Dès lors, la théorie des formes peut se mettre en place. Elle le fait tout au long du livre *Point et ligne sur plan* en analysant la résonance des formes de la même manière que *Du Spirituel dans l'art* avait analysé la résonance des couleurs, à la fois en dégageant leur signification intérieure et en montrant leur relation génétique.

Toutes les formes vont naître du point qui est la forme première, un point sur un plan étant l'« image première de toute expression picturale. » La naissance des formes se fait tout simplement dès le moment où le point sort de ses limites. Sa tension, dont la nature est concentrique, peut prendre une direction déterminée et alors naît la ligne. Point et ligne sont les deux éléments de base nécessaires à toute composition picturale, suffisants pour le dessin[20]. Ils sont les éléments sources qui sont destinés à se combiner avec le plan original, c'est-à-dire le plan d'accueil de la création graphique. Chaque implantation d'un élément sur le plan entraînant des effets qu'analyse Kandinsky de manière minutieuse (*pedantisch*). Ainsi en est-il de la répétition d'un point sur un plan original (*Grundfläche*) :

« Éléments :
2 points + plan.
Effet :
1. résonance intérieure d'un point;
2. répétition de la résonance;
3. résonance double (*Doppelklang*)[21] du premier point;

4. résonance double du deuxième point;
5. accord de la somme de toutes ces résonances.

Sachant que le point est une unité compliquée (ses dimensions et sa forme) nous pouvons imaginer aisément l'avalanche des accords qui se produisent sur le plan par une multiplication progressive des points – même si les points sont identiques – et comme cette avalanche s'étend, si, par la suite, des points d'une inégalité croissante quant à leurs dimensions et leurs formes sont projetés sur le plan. »

On peut voir ici la précision de l'analyse que veut mettre en place Kandinsky à partir des éléments de base.

Reste à définir les formes que nous avons à analyser. Nous voyons maintenant que le point peut sortir de son statut ou de son unicité de trois manières. La première est l'abandon de sa tension concentrique au profit d'une direction, il génère alors la ligne, deuxième élément de base. La deuxième manière est dans son dédimensionnement proportionnel (un très gros point sur un plan par exemple), il devient alors une surface. La troisième est l'accumulation, alors peut se créer une « combinaison » (*Komplex*)[22].

Dans les deux premiers cas, il y a genèse de forme, dans le troisième, la question de la composition va être posée, aboutissement de l'analyse.

Kandinsky ne s'occupe pas de la surface obtenue par le dédimensionnement du point.

Son apparition n'est pas soumise à une *logique* de constitution de la forme. L'analyse n'en tiendra donc pas compte. En revanche, l'apparition de la ligne nous permet de mettre en place les premiers types sources (*Grundtypen*) de formes.

Les premiers types sont les lignes droites géométriques issues de l'action d'une seule force sur le point. Elles seront tout naturellement caractérisées par leur direction sur le plan, ce qui donne trois types principaux : horizontale, diagonale et verticale.

Ici se mettent en place la base et le système de la morphogonie. Ce dernier est semblable à celui de la chromogonie. L'intervention de la dynamique humaine (force) sur l'élément originaire (qui n'était rien d'autre que la simple rencontre du crayon et du plan) va engendrer un second élément, la ligne. Ce second élément met en place la structure de la logique des formes, qui est équivalente à celle de la logique des couleurs : la relation de cette ligne à l'homme établissant un contraste, ici directions horizontale et verticale qui se révèlent comme un contraste de qualité : froid-chaud, dont le dépassement s'opère par un troisième terme : la diagonale, de nature froide et chaude.

Mais dès lors réapparaît la question morphogonique, puisqu'il est dans la nature de la ligne de créer des surfaces et que les deux archétypes ou types sources linéaires qui font le premier contraste des lignes, au moment où apparaît la diagonale issue de ce premier contraste, se révèlent capables de constituer une forme circulaire : par le simple déplacement du segment de la verticale à l'horizontale, en passant par toutes les étapes intermédiaires, la diagonale ouvre la voie en reliant la verticale à l'horizontale[23]. C'est ce que Kandinsky appelle l'obtention du cercle par « densification » des lignes.

Le modèle est en place. Désormais, la théorie des formes a son fil conducteur. La nature intérieure de l'élément va engendrer les formes de base, mais tout particulièrement l'analyse de la ligne, dont la configuration est la manifestation exacte des forces qui se trouvent à son origine. Ainsi une seule force produit une ligne droite, deux forces simultanées opposées et inégales produisent une courbe et deux forces alternées, une ligne brisée, pour schématiser grossièrement : voici les types sources qu'il appartient d'analyser en eux-mêmes et par rapport au plan. Nous sommes ainsi conduits à rencontrer le contraste entre la droite et la courbe, ainsi que le troisième élément : l'angle. Dans une analyse extrêmement affinée, Kandinsky va nous amener alors aux formes principales : nous avons déjà assisté à l'apparition de la surface comme dépassement des limites du point ou comme densification des « types sources » de lignes droites géométriques, il nous faut maintenant constater la nature de la capacité qu'a la ligne d'*enclore* une surface. La courbe, à elle seule, peut engendrer une forme simple spécifique qui est le cercle, par simple prolongement. Ce n'est pas le cas de la ligne brisée qui aura besoin de trois forces au moins pour engendrer une forme mais qui, elle, nous conduit à définir les trois angles types : aigu, droit et obtus, les deux premiers types d'angles caractérisant les deux autres formes simples : le triangle et le carré, le troisième s'apparentant au cercle.

On le voit, le système de l'apparition des formes est très simple chez Kandinsky. On est tenté de dire qu'il s'agit d'un système constructif. La logique de l'apparition des formes serait liée à la capacité que j'ai de mettre en place des formes simples. Tout se joue entre l'horizontale, la verticale, la diagonale et le cercle. Une règle, une équerre et un compas me suffisent pour mettre sur le papier toute la théorie des formes, ou plus exactement, pour construire toutes les formes de base, tous les éléments de la théorie des formes, de la même manière que nous savons qu'une corde et un charbon de bois suffisaient aux iconographes de la sainte Russie pour construire toutes les formes des fresques à registres des grandes cathédrales de la chrétienté orientale [24].

C'est pourtant sur ces formes de base que doit pouvoir s'effectuer la démonstration de Kandinsky qui est non pas comme on le croit celle de la correspondance des éléments, mais qui porte sur le principe de l'ordonnancement c'est-à-dire de la conformité aux lois (*Gesetzmässigkeit*).

Il y a en effet chez Kandinsky un postulat

harmonique qui veut qu'il y ait correspondance entre l'ordre des couleurs et celui des formes (lignes, angles et formes primaires simples : cercle, carré, triangle) ; ce postulat est implicite et guide la main de Kandinsky dans l'examen des effets intérieurs des éléments formels autant sans doute que l'étude de leur résonance sur l'âme humaine. Essayons de bien comprendre de quoi il s'agit. Pour cela, il faut revenir à la définition que donne Kandinsky de ses intentions dans l'introduction de *Point et ligne sur plan* où il fixe la tâche de la science de l'art qu'il s'attache à fonder depuis son premier livre :

« Une des tâches principales de cette récente science de l'art devrait être, d'une part l'analyse approfondie de l'ensemble de l'histoire de l'art concernant les éléments, la construction et la composition aux différentes époques et chez les différents peuples, d'autre part la constatation de l'évolution dans le champ de ces trois questions : l'itinéraire méthodique (*der Weg*), le rythme du progrès (*das Tempo*) et la nécessité de l'enrichissement et du développement, vraisemblablement effectué par bonds et qui dans l'histoire de l'art se déroule peut-être selon une ligne de développement précise et, c'est possible, ondoyante.

La première partie de cette tâche – l'analyse – est proche de celle des sciences « concrètes » (*positiven*) ; la deuxième – la nature du développement – s'apparente aux problèmes philosophiques. Ici se forme le point d'appui (*Knotenpunkt*) de la conformité aux lois (*Gesetzmässigkeit*) du développement humain en général. »

Et, un peu plus loin :

« L'examen devrait se faire d'une façon précise, minutieuse et exacte. Ce chemin « fastidieux » devrait se faire pas à pas. Pas le moindre changement du caractère, des propriétés et des effets de chaque élément ne devrait échapper au regard attentif. Ce n'est qu'au prix d'une telle analyse microscopique que la science de l'art pourra nous conduire vers une vaste synthèse qui, dépassant les limites de l'art, atteindra le lieu de l'unité de l'humain et du divin. »

La clef de la théorie des formes se trouve dans cette longue déclaration qui met tout en place. Il y a bien une science de l'art qui doit se développer et une philosophie de l'art qui la complétera.

Voyons d'abord la tâche de la science de l'art. Il lui appartient, à partir de la connaissance de l'histoire de l'art, d'identifier et d'analyser les éléments, de déterminer les lois de la construction et d'élaborer le futur « traité de la composition. »

Le vocabulaire de Kandinsky ici, est d'une grande importance, particulièrement en ce qui concerne l'édification de la forme. Aussi devons-nous prêter une extrême attention aux définitions. Les « éléments » sont le matériau de l'art. Ils sont de nature différente pour chaque art. Mais à l'intérieur des éléments, on va distinguer des autres éléments les éléments sources (*Grundelemente*) qui sont « ceux sans lesquels aucune œuvre d'art ne peut naître dans tel ou tel domaine de l'art ». Par exemple, dans les arts graphiques, les éléments sources sont le point et la ligne.

L'analyse va examiner les éléments en eux-mêmes, mais aussi les uns par rapport aux autres. Kandinsky utilise différents mots pour désigner la juxtaposition des éléments parce que des comportements créatifs très divers peuvent être mis en jeu et qu'il est essentiel de bien cerner la différence. Ainsi, Kandinsky utilise parfois le verbe accumuler (*aufhäufen*) ou nous parle d'assemblage (*Zusammenstellung*) ou encore de « combinaison » (*Komplex*). Tout cela précède les deux grandes étapes de la théorie de l'art qui sont la construction (*Konstruktion*) et la composition (*Komposition*). Encore doit-on mentionner pour la construction, terme dynamique, une variante, l'organisation linéaire (*linearische Aufbau*) qui nous présente plus le spectacle construit que sa dynamique de construction.

Un tel raffinement de vocabulaire rend assez compte de la rigueur que veut s'imposer Kandinsky dans l'examen de l'art. Mais concentrons-nous sur la différence entre construction et composition, clef de voûte de l'édifice théorique de Kandinsky. La construction est, en fait, la combinaison rationnelle des éléments. Elle appartient dans une certaine mesure au domaine de la logique. Il y a une loi de la construction dont l'analyse nous montre qu'elle est suivie aussi bien par la nature que par l'art : les différentes parties deviennent vivantes par l'ensemble. Autrement dit, effectivement la construction est une organisation (ce qu'ont si bien vu les constructivistes). Construire, c'est mettre en place dans l'espace un ensemble cohérent compréhensible et, bien sûr, reproductible ou répétable.

L'ordre de la composition est tout autre. Kandinsky la définit essentiellement de la manière suivante :

« La composition est la subordination intérieurement conforme au but
1. des éléments isolés;
2. de la construction, à la fin picturale concrète. »

Effectivement, la composition constitue le but ultime, l'aboutissement de tout le travail pictural, aussi la science de l'art devra-t-elle analyser la composition dans l'histoire de l'art pour aboutir à élaborer ce traité de composition qui est au centre des préoccupations de Kandinsky et dont *Point et ligne sur plan* nous livre quelques éléments. Tout cela fait partie du domaine de l'examen (*Prüfung*), de l'évaluation. Une analyse « microscopique » nous permettra d'aborder la question suivante qui est celle de *l'évolution*. Le lecteur se rappelle que la question du progrès de l'humanité était un des postulats de *Du Spirituel dans l'art*. C'est en même temps, comme nous l'avons vu, le thème central de l'œuvre créatrice de Kandinsky. La science de l'art permet de constater l'évolution dans son itinéraire, dans son rythme et dans sa « logique », aussi bien dans le domaine de l'élément que dans celui de la construction et de la composition.

Tout le travail d'évaluation intérieur de Kandinsky, clairement mis en place dans ses écrits théoriques, patiemment poursuivi dans son travail pictural (ou même dans son enseignement) reste insuffisant. En effet, nous sommes dans le registre de l'expérience et de l'expérienciel, même si cette expérience est une expérience de l'âme. Or, pour qu'il y ait constitution d'une science, il faut passer à l'expérimental et organiser selon les règles l'expérimentation. La méthode expérimentale exige la mise en place de laboratoires, d'un Institut exerçant le contrôle de cette méthode même. Empêché de mettre en place cet Institut[25], Kandinsky est empêché de conclure scientifiquement, mais pas empêché de peindre bien sûr, pas plus qu'il n'est empêché de mener l'expérience des formes et de formuler à partir de cette expérience les hypothèses qui vont guider son approche et – en l'absence de toute possibilité de vérification collective – entraîner son adhésion individuelle. N'oublions pas en effet que le spiritualisme de Kandinsky l'a conduit à un postulat d'ordre. Cet ordre sous-tend toute la théorie des formes, c'est-à-dire la théorie des éléments, de la construction et de la composition considérés comme la manifestation de l'Esprit par le dépassement de la subjectivité.

Dès lors Kandinsky peut écrire :

« Ici se forme le point d'appui de la conformité aux lois, du développement humain en général. »

Effectivement, dans l'évaluation intérieure se forme le point d'appui, car c'est le lieu neptique par excellence, le lieu du cœur, en un mot le lieu prophétique, lieu de l'« unité de l'humain et du divin ».

Essayons de bien comprendre ce point essentiel. Des éléments nous sont fournis dans les *Regards sur le passé* de Kandinsky au moment où il nous explique la parenté entre l'art et la eligion en même temps que le rapport entre la construction et la composition. Pour lui, le domaine de l'art est « un domaine en soi, régi par des lois propres et qui, réuni aux autres domaines comme la nature, la science et la politique, etc., finit par former le Grand Domaine[26] ». Pour arriver à cela, il a fallu que l'art cesse d'avoir sa volonté paralysée par les lois organiques de la construction : il y a donc autre chose que les lois de la construction en art. Cette autre chose est le mouvement de la composition dont Kandinsky nous dit : « Ce mot agit en moi comme une prière[27]. »

Pour lui, le Grand Domaine est en train de se révéler par la manifestation des rapports entre les différents domaines : « C'est ici que commence la grande période du Spirituel, la Révélation de l'Esprit : Père-Fils-Esprit[28]. »

Plus loin, il observe :

« L'art est sur beaucoup de points semblable à la religion... son évolution n'est pas faite de nouvelles découvertes qui annulent les anciennes vérités... [mais d'] illuminations [qui] projettent une lumière aveuglante sur... de nouvelles vérités qui, au fond ne sont rien d'autre que l'évolution organique de la sagesse antérieure... Le Nouveau Testament serait-il concevable sans l'Ancien ? Notre époque, au seuil de la " troisième " Révélation, serait-elle concevable sans la deuxième[29] ? »

Plus loin encore :

« Le Christ, de son propre aveu, n'est pas venu renverser l'Ancienne Loi. Lorsqu'il parlait ainsi : " Il vous a été dit... et je vous le dis en vérité ", la Loi qu'il apportait était la vieille loi matérielle devenue sa Loi spirituelle. L'humanité de son temps, contrairement à l'humanité du temps de Moïse, était devenue capable de comprendre et de vivre les commandements : " Tu ne tueras point... Tu ne forniqueras point " non plus seulement sous leur forme directe matérielle, mais aussi sous la forme la plus abstraite du péché de l'Esprit. » Car « sur la balance du Christ, la valeur du fait n'est pas estimée selon l'aspect extérieur de l'action dans sa rigidité, mais selon son aspect intérieur dans sa souplesse[30] ».

Kandinsky insiste encore peu après sur la « troisième » Révélation. Il observe que peu à peu, pour lui, tombèrent les exigences secondaires qu'il prêtait à l'art :

« Elles ne tombèrent qu'en faveur d'une exigence unique : l'exigence de vie *intérieure* dans l'œuvre. Je remarquai alors, à ma grande surprise, que cette exigence a grandi sur la base que le Christ posait comme fondement de la qualification morale. Je remarquai que cette conception de l'art est chrétienne et qu'en même temps elle porte en elle les éléments indispensables à l'accueil de la " troisième " Révélation, la Révélation de l'Esprit[31]. »

Il ne faut pas voir ici, comme on l'a souvent hâtivement fait, l'influence de la théosophie de Rudolf Steiner dont Kandinsky s'est d'ailleurs détaché[32], mais une idée qui plonge ses racines beaucoup plus profondément dans la mentalité russe traditionnelle.

Tout d'abord nous devons évoquer la connaissance du cœur si importante pour le chrétien orthodoxe. Le progrès de la Loi christique est l'intériorité. C'est la grande leçon des Pères du désert et de la tradition de la patristique grecque et de l'hésychasme.

Deux textes de la très classique *Philocalie des Pères neptiques*[33] éclairent mieux ce qui précède. Le premier définit bien le « lieu du cœur » :

« Applique-toi à entrer dans ta chambre intérieure et tu verras la chambre céleste. Car c'est tout un et la même porte ouvre sur la contemplation des deux. L'échelle de ce royaume est cachée au-dedans de toi, dans ton âme. Lave-toi donc du péché et tu découvriras les degrés par lesquels monter. »

Ce texte, qui est dû à Isaac le Syrien, figure dans le recueil de Nicéphore le Solitaire[34]. Il semble directement renvoyer à la déclaration suivante, plus précise, de Grégoire le Sinaïte :

« Nous devrions parler comme le grand Docteur et n'avoir besoin du secours de l'Écriture ni des Pères mais être " enseignés de Dieu " (*Jean*, 6, 45), au point d'apprendre et de connaître en Lui et par Lui tout ce qui convient. Pas seulement nous, mais n'importe quel fidèle. N'avons-nous pas été appelés à porter gravées dans nos cœurs les tables de la loi de l'Esprit et à converser avec Jésus par la prière pure, immédiatement, à la manière admirable des Chérubins[35] ? »

Le chrétien a donc dans son cœur les « tables de la Loi de l'Esprit », ce qui valide la balance intérieure du sentiment, l'évaluation intérieure qui a pu servir de guide à Kandinsky dans son analyse « minutieuse ».

Assez proche de la mentalité russe[36], la prophétie de Joachim de Flore concernant la Trinité et le sens de l'histoire. Pour lui, l'histoire se divise et se développe en accord avec la réalité trinitaire en trois temps qu'il analyse de manière très originale car pour lui l'âge du Père s'étend jusqu'à l'incarnation du Sauveur qui est le commencement de l'âge du Fils. Cet âge s'étend sur l'Église présente (nous sommes au XIIIᵉ siècle), mais bientôt doit lui succéder sur cette terre un troisième âge caractérisé par le règne du Saint Esprit. Cette affirmation est fondée sur la concordance entre les deux Testaments (*assignatio concordiae duorum Testamentorum*) :

« Ce sont donc trois états du monde, comme nous l'avons déjà montré dans cette œuvre, que les mystères (*sacramenta*) de la Sainte Écriture nous attestent : le premier, lors duquel nous fûmes sous la loi, le second lors duquel nous fûmes sous la grâce, le troisième, que nous attendons, comme devant intervenir prochainement et lors duquel nous jouirons d'une grâce plus parfaite. Car Dieu, comme dit Jean, nous a donné " grâce sur grâce " (1, 16)... plus précisément, la science fut la caractéristique du premier état : le régime de la sagesse, celle du second; la plénitude de l'intelligence, celle du troisième. Le premier fut placé sous les auspices de la dépendance servile; le second sous ceux de la dépendance filiale; le troisième sous ceux de la liberté. Le fouet pour le premier, l'action pour le second, la contemplation pour le troisième. Successivement la crainte, la foi, la charité; l'état d'esclave, l'état d'homme libre, l'état d'ami; de vieillards, d'adultes, d'enfants. La lumière des étoiles, l'aurore, le plein jour. L'hiver, le début du printemps, l'été. Les orties, les roses, les lys. Les herbes, les épis, le blé. L'eau, le vin, l'huile. La septuagésime, la quadragésime, la fête pascale. En effet, le premier état se rapporte au Père, qui est l'auteur de tout..., le second au Fils, qui fut digne d'assumer notre limon et au sein duquel il put jeûner et souffrir afin de réformer le statut du premier homme qui était tombé en mangeant le fruit; le troisième à l'Esprit-Saint dont l'apôtre dit : " Là ou est l'Esprit du Seigneur, là est la liberté. " (2 *Corinthiens*, 3, 17)[37]. »

L'Esprit, la Révélation de l'Esprit, annonce le dépassement de la compréhension littérale et l'apparition de la « compréhension mystique » (*misticus intellectus*). Cette compréhension est confiée, nous dit Joachim de Flore, aux hommes spirituels qui resplendiront alors[38].

La caractéristique la plus frappante de la Révélation de l'Esprit est donc l'apparition de la Loi intérieure qui se substitue à la Loi extérieure (mosaïque). Le progrès réside dans le passage d'une attitude de servitude à une attitude de liberté puisqu'au lieu de suivre des préceptes extérieurs, c'est de l'intérieur que je vais juger et décider de l'action. La rigueur morale n'est plus imposée en dehors de moi, elle devient mon projet personnel.

Mais ce n'est pas tout. Il y a une parenté manifeste entre la découverte de la loi intérieure et ce qu'on appelle la « prière du cœur » dans la tradition byzantino-slave de la *Philocalie*. Il s'agit ici de la prière intérieure pratiquée par les maîtres spirituels de la tradition, qu'on appelle aussi prière permanente et qui remplace pour de nombreux mystiques, en particulier les ermites du désert, la liturgie extérieure traditionnelle.

Il est permis de penser que le passage à l'ère du spirituel est aussi marqué par ce passage de la prière extérieurement manifestée à la prière intérieure ou prière du cœur. Mais dès lors, comment une âme russe comme celle de Kandinsky pouvait-elle ne pas être tentée par le rapprochement avec la question de l'image? En effet, il ne faut pas oublier que la liturgie du christianisme orthodoxe est une liturgie *double*, fondée à la fois sur la parole et sur l'image. L'image sainte, l'icône, est pour un orthodoxe liturgie autant que le verbe[39]. Comment donc ne pas se poser la question d'une révolution de l'Esprit qui s'effectue aussi bien dans le domaine de l'image, puisque la liturgie de la parole en donne l'exemple?

Ajoutons aussi chez Kandinsky une autre influence, qu'il a toujours reconnue comme présente en lui, celle de l'Extrême-Orient. Pour lui, l'âme russe est un pont entre l'Orient et l'Occident, mais lui-même se sent tout particulièrement lié à l'Orient à cause de ses racines mongoles. Quoi qu'il en soit, nous devons observer la profonde parenté de maints aspects de sa pensée avec la philosophie de l'art traditionnelle en Chine, parenté particulièrement frappante au long des pages de *Point et ligne sur plan*, au fil des analyses de la théorie des formes. Sans entrer dans le détail, mentionnons simplement que le concept même de résonance intérieure ou résonance spirituelle a son exact répondant en Chine où, par ailleurs, dans la peinture, il s'agit moins de décrire les aspects extérieurs du monde que de saisir les principes internes qui structurent toutes choses et les relient les unes aux autres. Su Dongpo fut conduit ainsi à dégager la notion de *li*, « principe interne constant[40] » qu'il appartient au peintre de saisir. L'essence de la peinture, en d'autres termes, n'est pas la reproduction mécanique des apparences formelles, travail de l'artisan, mais la saisie de la nature intérieure des choses, opération spirituelle que seule l'élite peut réaliser.

Shitao l'exprime de cette manière : « L'essentiel de la peinture réside dans la pensée et il faut d'abord que la pensée étreigne l'Un pour que le cœur puisse créer et se trouver dans l'allégresse; alors, dans ces conditions, la peinture pourra pénétrer l'essence des choses jusqu'à l'impondérable[41]. »

Ainsi la recherche de Kandinsky est une recherche pour trouver le « lieu » de la Loi intérieure et la question qu'il se pose est la suivante : l'image n'est-elle pas le lieu *exemplaire* pour la révélation de l'Esprit, le lieu où cette révélation peut s'effectuer de la manière la plus démonstrative? Nous savons en effet que la tradition byzantine accorde à la vision une certaine primauté. Toute la théologie byzantine a sa traduction et une partie de son aboutissement dans la constitution de l'image, l'icône devenant l'art chrétien par excellence dès le moment où Dieu a pris forme humaine par l'incarnation du Christ. Mais le Christ est là pour annoncer la troisième Révélation, celle de l'Esprit, que l'on peut interpréter comme marquant la disparition de l'image extérieure, ou plus exactement, la disparition de l'aspect extérieur (figuration des objets) de l'image.

Autrement dit, les promesses de l'image vont désormais tenir à des qualités qui ne sont pas liées à la figuration.

Il y a donc bien un ordre de l'image, il y a donc bien une spécificité de la vision qui fait que la composition mérite le statut tout particulier que lui attribue Kandinsky et qu'il parvient à dégager dans *Point et ligne sur plan*. C'est d'ailleurs la préoccupation essentielle du livre qui devait primitivement être sous-titré selon Carola Giedion-Welcker « Traité de composition »[42], sous-titre auquel Kandinsky renonça finalement, très probablement parce qu'il estimait la question bien abordée dans son livre, mais pas encore complètement traitée. De fait, à plusieurs reprises dans le texte, il parle d'« éléments pour un futur traité de composition » qui n'est donc pas complètement abouti. S'il est certain que nous n'avons effectivement que peu des « éléments » pour ce traité, il convient de bien apprécier l'acquis réel qui est considérable.

L'expérience de Kandinsky n'a pas de précédent et son apport mérite un inventaire qui dépasse le cadre de cette étude[43]. Le livre *Point et ligne sur plan* est là pour rendre compte des résultats de cette expérience sur le plan de la théorie *des* formes. Ce faisant, il accomplit la théorie *de la* forme restée incomplète après *Du Spirituel dans l'art*. En 1926, la publication des acquis de la théorie des formes revêt un intérêt tout particulier. Kandinsky enseigne à l'époque au Bauhaus où il a l'occasion de soumettre ses découvertes à l'investigation de son public étudiant. Nous savons que c'est ce qui fut fait. C'était pour lui le début d'une expérimentation, le début de la mise en place de la science de l'art dont les *Cours du Bauhaus* sont là pour témoigner.

Pendant ce temps, Kandinsky continue à travailler, mais désormais il peut intégrer à son itinéraire pictural les acquis de la théorie des formes que nous pouvons qualifier comme étant de quatre types.

D'abord, la détermination des éléments de base, le point et la ligne, dans leur dynamique humaine et leur dimension temporelle. Ces éléments constituent un point de départ assuré qui sert de base au deuxième type d'apport de la théorie des formes : la constitution des formes ou construction morphogonique qui s'opère, comme dans ce cas de la chromogonie, à partir de l'exploration des contrastes, et va nous conduire à la mise en place de l'ensemble des éléments types : les lignes, les angles et les surfaces. Aussitôt ces éléments types déterminés, intervient le troisième acquis de la théorie, le principe de la correspondance des éléments qui est en même temps un principe de vérification de la théorie, dans sa conformité aux lois. Ce principe pourra être la base de tout un travail sur la synthèse des arts, mais la synthèse des arts n'est pas fondée uniquement sur lui; la synthèse ne va pas, en effet, utiliser seulement des éléments se correspondant pour renforcer la sonorité du contenu, elle va aussi jouer de la dissonance, utilisant des éléments de résonance différente, car de cette différence se dégage une tension qui a son rôle à jouer. Corollairement au principe de la correspondance des éléments, il faut aussi mentionner celui de la transposition qui veut par exemple que « tout phénomène du monde extérieur ou intérieur [puisse] trouver son expression linéaire ».

Nous sommes toujours ici dans le cadre d'un ordre supposé, qu'une expérimentation soigneuse pourra confirmer.

Le dernier acquis, enfin, se manifeste à travers les conséquences de l'évaluation intérieure. On voit après 1914 la peinture de Kandinsky changer et se diriger vers les formes géométriques qui seront assez caractéristiques de son travail pictural au Bauhaus. Lui-même confirme cette évolution lorsqu'il écrit en réponse à l'enquête du psychologue Paul Plaut : « Si, par exemple, dans ces dernières années, j'utilise si souvent et si passionnément le cercle, la raison (ou la cause) ne réside pas dans la forme géométrique du cercle ou dans ses propriétés géométriques, mais dans mon sentiment puissant de la force intérieure du cercle dans ses innombrables variations. J'aime aujourd'hui le cercle comme j'ai autrefois par exemple aimé le cheval – peut-être davantage du fait que je trouve dans le cercle plus de possibilités intérieures et c'est pourquoi aussi il a pris la place du cheval... Picturalement, j'ai raconté beaucoup de choses neuves sur le cercle, mais sur le plan théorique, malgré tous mes efforts, je ne peux en dire que très peu de chose[44]. »

A travers une telle déclaration, nous constatons qu'en 1929, pour Kandinsky, l'évaluation intérieure est donc bien en place. Deux ans plus tard intervient une déclaration intrigante qui aujourd'hui encore retentit avec force : « Le contact de l'angle aigu d'un triangle avec un cercle n'a pas d'effet moindre que celui du doigt de Dieu avec le doigt d'Adam chez Michel-Ange. » Et Kandinsky poursuit : « Et si les doigts ne sont pas de l'anatomie ou de la physiologie mais davantage, à savoir des moyens picturaux, le triangle et le cercle ne sont pas de la géométrie, mais davantage : des moyens picturaux. Il advient aussi que parfois le silence parle plus haut que le bruit, que le mutisme acquiert une nette éloquence[45]. »

Observons d'abord que si Kandinsky en vient à une telle déclaration, c'est qu'il est pressé de justifier l'art abstrait en réponse à une enquête particulièrement serrée menée par la prestigieuse revue des *Cahiers d'art*.

Mais quel est le contenu de la déclaration? L'enquête était destinée à rassembler les réponses de grands artistes abstraits – Kandinsky est alors au sommet de sa gloire – accusés d'avoir vidé l'art de son contenu[46]. Apparemment, la réponse de Kandinsky est simple : la transposition du contenu de la figuration en formes abstraites (ici géométriques) est possible. Cette transformation n'aboutit pas à un amoindrissement de la puissance d'expression de l'art. Jusque-là, rien d'étonnant. La forme abstraite, Kandinsky nous l'a dit, a une force de résonance plus grande que la forme figurative, puisque l'objet « nuit » en peinture[47]. Mais dès lors, pourquoi une expression si modeste? Pourquoi dire que la forme abstraite « n'a pas un effet moindre » que celui de la forme figurative? En posant cette question, nous approchons le point clef de la philosophie de l'art de Kandinsky. Mais pour y répondre, concentrons-nous sur l'exemple donné. Cet exemple concerne, au cœur du catholicisme romain, dans la Chapelle Sixtine, la fresque de Michel-Ange, celui qui incarne sans doute le mieux le bouleversement par la Renaissance des structures traditionnelles de l'image médiévale en Occident. Et le sujet de la fresque est la représentation de Dieu le Père, inacceptable théologiquement pour la foi orthodoxe et quasi blasphématoire ainsi qu'il ressort des Actes du grand concile de Moscou, dont tout un chapitre est consacré à l'interdiction de cette image purement fantaisiste puisque Dieu le Père, c'est-à-dire la première personne de la Trinité ne s'est jamais manifesté *visuellement* :

« Que cesse toute vanité d'une prétendue sagesse qui a fait prendre à chacun l'habitude de peindre selon sa fantaisie, sans référence authentique, et notamment par des représentations diverses... le Seigneur Sabaoth. Nous ordonnons de ne plus peindre dorénavant l'image du Seigneur Sabaoth selon des visions insensées et inconvenantes, car personne n'a jamais vu le Seigneur Sabaoth [c'est-à-dire Dieu le Père] dans la chair. Seul, le Christ est peint tel qu'Il a été vu incarné, c'est-à-dire représenté dans sa chair et non selon sa Divinité; de même la très sainte Mère de Dieu et les autres saints de Dieu[48]. »

Dès lors le propos de Kandinsky a la force de l'évidence. En fait la représentation abstraite nous intéresse *beaucoup plus* que la représentation *blasphématoire*. On pourrait dire qu'ici l'art « abstrait » se manifeste comme une nécessité apophantique. Devant la non-manifestation visuelle de Dieu le Père, l'art abstrait va nous fournir le seul langage visuel non blasphématoire, celui qui se fonde sur l'apophase. C'est la raison pour laquelle il conclut sa déclaration en nous suggérant que le silence peut parler plus haut que le bruit et le mutisme acquérir une « nette éloquence ».

Dans une lettre de 1930, Kandinsky s'attache à définir le cercle pour Will Grohmann. Il écrit alors : « Vous parlez du cercle, et je suis d'accord avec votre définition. Il constitue une liaison avec le cosmique. Mais je m'en sers en

premier lieu " formellement "... Pourquoi le cercle me captive? C'est qu'il est :
1. la forme la plus modeste, mais qui s'impose sans scrupule,
2. précis mais inépuisablement variable,
3. stable et instable en même temps,
4. silencieux et sonore en même temps,
5. une tension qui porte en elle d'innombrables tensions.

Le cercle est une synthèse des plus contrastées. Il fait la liaison entre le concentrique et l'excentrique dans une structure et dans l'équilibre. Parmi les trois formes primaires (triangle, carré, cercle), c'est l'indication la plus claire sur le chemin de la quatrième dimension [49]. »

C'est la caractéristique essentielle de l'analyse de Kandinsky conforme aux exigences d'une tradition qu'il paraît bien faire aboutir. Le renoncement à la figuration extérieure permet l'apparition des richesses intérieures. Le traité de la composition, dont *Point et ligne sur plan* fournit maints éléments, accumule les découvertes de cette mystérieuse fonction de l'art qui nous fait échapper à nos limites.

D'essence mystique, les préoccupations de Kandinsky sont aussi en même temps exemplaires de la démarche de la modernité dont il est l'un des pionniers jusqu'au Bauhaus où sa rigueur et sa volonté scientifique laissèrent une impression ineffaçable.

Ainsi sa théorie qui, comme nous l'avons vu, prenait sa source dans la tradition orientale et tout particulièrement byzantino-slave, allait exercer son influence sur une aire considérable, souvent fort éloignée de ces idées ou de ces traditions originelles, ce qui est une des caractéristiques essentielles de toute pensée fondatrice.

PHILIPPE SERS,
Paris, mai 1991.

NOTES SUR LA PRÉFACE

1. Kandinsky utilise le mot « forme » dans un sens large et dans un sens restreint. Au sens large, la forme s'oppose au contenu dont elle est la matérialisation. Au sens restreint, les formes sont les éléments complémentaires des couleurs. C'est ce qu'il exprime par exemple dans son texte « Les Eléments fondamentaux de la forme » (*Ecrits*, Paris, Denoël 1970, t. II, p. 289) : « L'étude de la forme dans son ensemble doit se diviser en deux parties :
1. la forme au sens restreint du terme – plan et espace,
2. la forme au sens large du terme – couleur et la relation à la forme au sens restreint du terme. »
Nous parlons donc de « théorie des formes » pour le champ de *Point et ligne sur plan*, réservant l'expression « théorie de la forme » pour ce qui concerne la mise en forme du contenu, mise en forme qui, en peinture, impliquera – en droit – l'utilisation des couleurs.

2. Pour l'explication de la chromogonie, le lecteur peut se reporter à notre texte « Kandinsky philosophe », préface à Kandinsky *Du Spirituel dans l'art et dans la peinture en particulier*, Paris, 1989 pp. 9-39 et à notre étude « Le soleil de Kandinsky : art abstrait et itinéraire spirituel, commentaires sur le Troisième Tableau de la théorie des couleurs dans Du Spirituel dans l'art », in *L'Art abstrait, l'au-delà de la figuration*, Bruxelles, La Lettre volée, 1991, pp. 21-56

3. Kandinsky, *Regards sur le passé et autres textes*, 1912-

1922, édition établie et présentée par Jean-Paul Bouillon, Paris, Hermann, 1974, p. 98.

4. *Regards sur le passé*, op. cit., p. 109. Voir aussi nos commentaires dans « Le Soleil de Kandinsky », in *L'Art abstrait...* op. cit., p. 29.

5. *Du Spirituel dans l'art*, op. cit., p. 120.

6. Le 1er août 1914, la déclaration de guerre écarte Kandinsky de son univers : il écrit le lendemain à Herwarth Walden : « C'est fait. N'est-ce pas épouvantable ! C'est comme si on m'avait arraché à un rêve profond ! Et puis, où aller ?... »
(Lettre conservée à la Staatsbibliothek, Berlin.)
Il ira en Suisse, près de Goldach, au bord du lac de Constance où il se trouve le 6 août 1914. Il ne rentrera dans son pays que le 20 décembre de la même année par Odessa, ayant quitté la Suisse le 16 novembre. Cette interruption forcée de son travail fut très fructueuse pour sa réflexion théorique pour laquelle il constitua en Suisse un matériel considérable. Il écrit à Franz Marc le 8 novembre 1914 : « Ici, j'ai commencé à écrire la théorie picturale pour laquelle je me suis préparé lentement dans le cours des dernières années. En gros, j'en ai bâti les lignes principales et les fondements. » (Cité in Klaus Lankheit : *Wassily Kandinsky-Franz Marc, Briefwechsel*, Munich-Zurich, Piper, 1983, p. 265.)

7. *Cf. Du Spirituel dans l'art*, op. cit., p. 62 : « Dans toutes les sections du Triangle, on peut trouver des artistes. Celui d'entre eux qui est capable de voir par-delà les limites de sa section est un prophète pour son entourage et aide au mouvement du chariot récalcitrant. »
Et encore, *ibidem*, p. 200 : « La peinture est un art et l'art dans son ensemble n'est pas une vaine création d'objets qui se perdent dans le vide, mais une puissance qui a un but et doit servir à l'évolution et à l'affinement de l'âme humaine, au mouvement du Triangle. Il est le langage qui parle à l'âme dans la forme qui lui est propre, de choses qui sont le

pain quotidien de l'âme et qu'elle ne peut recevoir que sous cette forme.

Si l'art se dérobe devant cette tâche, ce vide ne pourra être comblé, car il n'existe pas d'autre puissance qui puisse remplacer l'art. »

8. *Deuxième Livre des rois*, II, 1-18.

9. Alors que les anciens prophètes entendaient les révélations divines et les transmettaient oralement, l'auteur d'une apocalypse reçoit ses révélations sous la forme de visions qu'il transcrit en un livre. A ce genre appartiennent les visions des prophètes *Ezéchiel* (I-3, 8-11, 37 et 40-48) et *Zacharie* (17-68), l'œuvre de *Daniel* (7-12) ou encore *L'Apocalypse de saint Jean*, attribuée au quatrième évangéliste. On pourrait encore ajouter d'autres visions, telle celle d'*Isaïe* (24-27 et 63-65) à cette liste qui n'est pas exhaustive.

10. Voir à ce sujet notre étude : « La question de l'icône et l'art sacré devant la philosophie de l'art » in Ephrem Yon et Philippe Sers, *Les Saintes Icônes*, Paris, 1990, pp. 37-64.

11. Il est important de bien voir l'œuvre poétique et scénographique de Kandinsky comme un complément par rapport à l'œuvre picturale. C'est le même contenu que Kandinsky s'attache à transmettre sous une autre forme, ces transmissions complémentaires constituant à la fois des renforcements et des vérifications pour lui.

12. Entre autres : *Montagne bleue*; *Improvisation 9*; *Composition 1, 2, 3, 4*; *Pastorale et Parc*; *Paysage avec tache rouge*; *Petites Joies*; *Impression 5 (Parc)*; *Paysage avec église 1*; *Paysage avec tache rouge*; *Hiver II*; etc.

13. Voir en particulier *Eau (Wasser)* et *Feuilles (Blätter)* in *Klänge*, Munich, Piper 1913. Traduction française par Philippe et Ré Soupault, à paraître. On peut consulter en attendant Wassily Kandinsky, *Klänge* (avec texte français), Paris, Bourgois, 1987.

14. On y reconnaît dans un enchevêtrement qui ne manque pas d'intérêt une réunion des grands personnages et événements de l'histoire de l'Ancien et du Nouveau Testament. Mentionnons par exemple pour *Image de la Toussaint II* (*Allerheiligendbild II*) de 1911 qui se trouve à la Städtische Galerie de Munich, la présence parfaitement identifiable des Anges à la trompette, du prophète Élie, de saint Vladimir, de la destruction de Sodome, des Trois jeunes gens dans la fournaise, du Sacrifice d'Abraham, de Jonas (signe de la Résurrection), entre autres.

15. C'est en ce sens qu'on parlait au Moyen Age de « mystère » pour la représentation de la Passion du Sauveur.

16. Rappelons que l'image symbolique tombe sous le coup de l'interdiction énoncée dans le Décalogue. Cette interdiction n'est levée que par les manifestations théophaniques de la Révélation vétéro- et néo-testamentaire. Voir notre texte sur « La question de l'icône... » in *Les Saintes Icônes*, *op. cit.*, pp. 42 sq. Voir aussi, *passim*, notre annotation n° 3 au texte *Point et ligne sur plan*, p. 240.

17. Kandinsky évoque déjà ce principe de correspondance dans son article déjà cité : « Les éléments fondamentaux de la forme » où il écrit : « Ainsi dans la première partie de l'étude de la forme », c'est-à-dire la théorie des formes, « on ramènera la surface à trois éléments de base : triangle, carré et cercle, et l'espace aux trois éléments issus de ces formes : pyramide, cube, sphère. Puisqu'il ne peut exister de surface et d'espace sans couleurs, c'est-à-dire puisque la forme, au sens restreint du terme, doit nécessairement être tout aussitôt l'objet d'une étude en tant que forme au sens large du terme, c'est de manière purement théorique que l'on peut diviser la question de la forme en deux parties, et il faut d'autre part établir dès l'abord le lien organique unissant ces deux parties : lien unissant la forme à la couleur et vice versa. » Voir *Ecrits*, *op. cit.*, t. II, pp. 289-290.

Ce texte parut en 1923 dans le livre *Staatliches Bauhaus Weimar 1919-1923*, p. 26. Il était accompagné (p. 69) de l'image en couleurs représentant les trois éléments de base de la surface et les éléments dans l'espace qui en sont issus, c'est-à-dire triangle, carré, cercle, respectivement jaune, rouge et bleu, la pyramide, le cube et la sphère ayant la couleur des éléments dont ils sont issus (*cf.* hors-texte).

A noter ici que le choix des trois formes n'est pas le fruit d'une morphogenèse, mais d'une réduction (« on ramènera »). Il faut remarquer aussi que la correspondance entre les formes et les couleurs est pour l'instant postulée, comme dans *Du Spirituel dans l'art, op. cit.*, p. 117 : « Il est maintenant facile de constater que la valeur de telle couleur est soulignée par telle forme et atténuée par telle autre. En tout cas, les propriétés des couleurs aiguës sonnent mieux dans une forme aiguë (ainsi le jaune dans un triangle). Les couleurs profondes sont renforcées dans leur effet par des formes rondes (ainsi le bleu dans le cercle). »

Sur la démonstration de la correspondance, voir *passim*, nos notes 18 et 19 au texte *Point et ligne sur plan*, p. 245.

18. Pour bien comprendre l'importance du « point » choisi comme point de départ, on peut comparer l'analyse que fait Kandinsky de la lettre ou du tiret que l'on peut aussi isoler de leur dépendance à l'écriture, mais qui en aucun cas ne pourront fonctionner comme point de départ. Voir « Sur la question de la forme » in *Ecrits, op. cit.*, pp. 233-235.

19. Voir Emmanuel Kant, *Critique de la faculté de juger*, premier moment de l'Analytique du Beau, § 2.

20. Il n'y a donc pas trois éléments (point, ligne, plan), comme on le lit parfois, mais deux éléments de base qui sont évalués dans leur rapport avec le plan originel ou la surface de base.

21. Insistons au passage sur le *Doppelklang*, c'est-à-dire la résonance double, mais en même temps double « *Einklang* », c'est-à-dire harmonie dans la rencontre de deux éléments qui rejoint le thème essentiel chez Kandinsky de la résonance (harmonieuse) du contraste. C'est aussi en ce sens

qu'il utilise le terme *Beiklang* dans *Du Spirituel dans l'art* (*op. cit.*, p. 116). Voir aussi *passim* notre note 4 au texte *Point et ligne sur plan*, p. 239.

22. Dans l'extrême raffinement de nuances du vocabulaire allemand qu'utilise Kandinsky, nous avons adopté les mots qui nous sont apparus comme les plus approchés, eu égard au contexte mais aussi et surtout, aux exemples graphiques que donne Kandinsky *cf.* p. 186 à 234.

23. Voir dans le texte les figures 15 et 18 p. 70 et 72.

24. Pour les structures géométriques dans l'icône, voir en particulier : Egon Sendler, S.J. *L'Icône, image de l'invisible, éléments de théologie, esthétique et technique*, Paris, Desclée de Brouwer, 1981, pp. 85 sq.

25. Voir au sujet de cet empêchement *passim* notre note 13 au texte de *Point et ligne sur plan*, p. 243. Kandinsky échoua dans son espoir de mettre en place un Institut des sciences de l'art en Russie au moment de la Révolution. Quand il publie ce livre, il semble de nouveau plein d'espoir. Cet espoir est représenté par son travail du Bauhaus où effectivement il s'attachera à esquisser les formes de cette expérimentation dont rendent compte les Cours du Bauhaus (*cf. Ecrits, op. cit.*, t. III, pp. 161-391).

26. *Regards sur le passé, op. cit.*, p. 123.

27. *Ibidem*, p. 105.

28. *Ibidem*, p. 123.

29. *Ibidem*, p. 124.

30. *Ibidem*, p. 125.

31. *Ibidem*, p. 127.

32. La position de Kandinsky vis-à-vis de la théosophie est très nuancée. Positive dans l'ensemble par son influence, la théosophie par sa hâte appelle cependant le scepticisme :

« De toute façon d'ailleurs, même si la tendance des théosophes à construire une théorie et leur joie, peut-être prématurée, de pouvoir bientôt remplacer l'immense et éternel point d'interrogation par une réponse peuvent provoquer un certain scepticisme de la part de l'observateur, ce grand mouvement spirituel n'en demeure pas moins un puissant ferment dans l'atmosphère spirituelle et peut, même sous cette forme, atteindre comme un signal de délivrance plus d'un cœur désespéré en proie aux ténèbres et à la nuit. Ce sera une main qui guidera et soutiendra. » (*Du Spirituel dans l'art, op. cit.*, p. 79.)

Disons clairement que si la progression de Kandinsky se rapproche des idées des mystiques ou parfois des ésotéristes de son époque, sa force réside dans l'application d'une méthode totalement originale d'expérience intérieure en matière de création artistique. A ce titre, il paraît très imprudent de relever sommairement des « influences » qui le placeraient dans une position de suiveur des ésotéristes comme cela est fait parfois.

33. La Philocalie est un concept grec traditionnellement traduit par « amour de la beauté », de celle qui se confond avec le bien. Il est utilisé par saint Basile et saint Grégoire de Nazianze pour leur anthologie d'Origène et repris pour la grande anthologie grecque publiée à Venise en 1782 par saint Nicodème l'Hagiorite sous le titre : *Philocalie des Pères neptiques composée à partir des Écrits des saints Pères Théophores et dans laquelle, par une sagesse de vie, faite d'ascèse et de contemplation, l'intelligence est purifiée, illuminée, et atteint la perfection.*

Traduite en slavon et publiée à Saint-Pétersbourg dès 1793 par le grand starets Paisie Velitchkovski, la *Dobrotoljubié* connaît en Russie un succès exceptionnel. Elle est le véritable bréviaire de la spiritualité russe.

34. *Philocalie des Pères neptiques*, Abbaye de Bellefontaine, 1979-1991, t. X, p. 48.

35. *Ibidem*, p. 113.

36. *Cf.* Nicolas Berdiaeff, *L'Idée russe*, Paris, 1969, p. 203.

37. Joachim de Flore, *Concordia Novi et Veteris Testamenti*, V, 84, 112 bc. Nous donnons la traduction de Henry Mottu, *La Manifestation de l'Esprit selon Joachim de Flore*, Paris, 1977, p. 232.

38. Joachim de Flore écrit : « Quant au troisième état, il s'ouvrira... lorsque le faux évangile du fils de la perdition et de ses prophètes étant annulé et détruit, ceux qui instruiront alors dans la justice de nombreuses personnes apparaîtront semblables à la splendeur du firmament et luiront comme des étoiles pour toute l'éternité » (*in Expositio in Apocalypsim*, Venise, 1527, introduction, 5, 5b). Voir aussi *Daniel*, 12, 3 : « Les doctes resplendiront comme la splendeur du firmament, et ceux qui ont enseigné la justice à un grand nombre, comme les étoiles, pour toute l'éternité. »

39. Voir à ce sujet la percutante démonstration du frère Ephrem Yon, O.S.B. : « L'incarnation de l'Invisible et l'image sainte », in *Les Saintes Icônes, op. cit.*, en particulier, p. 18 : « L'icône est... par excellence liturgique, car c'est le mouvement même de la prière, invoquant et accueillant la Présence divine, qui est mis en œuvre dans ces deux formes d'expression complémentaires que sont Parole et Image. L'icône est muette et renvoie à toute l'Écriture. L'Écriture est proclamée dans l'Église jusqu'à la fin des temps, mais elle a besoin des signes sensibles de sa réalisation effective, qui en garantissent la véracité et en déploient le contenu pour le regard. L'icône authentifie l'Écriture en lui donnant son expression visuelle la plus adéquate. »

40. Voir Su Dongpo, *Lun Hua* et les extraits que donne François Cheng dans *Souffle-Esprit*, Paris, Seuil, 1989, pp. 28-29 et 75-76.

41. Shitao, *Les Propos sur la peinture du moine Citrouille-amère*, édité par Pierre Ryckmans (Simon Leys), Paris, Hermann, 1984, ch. XV, p. 111.

42. *Cf.* Carola Giedion-Welcker : « Kandinsky, le théoricien », in *Kandinsky*, Paris, Maeght, 1951, p. 105.

43. Nous renvoyons le lecteur aux approfondissements dans notre étude en cours d'achèvement sur la pensée de Kandinsky.

44. In Paul Plaut, *Die Psychologie der produktiven Persönlichkeit*, Stuttgart, Ferdinand Enke, 1929, p. 308.

45. « Réflexion sur l'art abstrait » in *Cahiers d'art* 7-8, 1931, p. 353. *Cf. Ecrits*, t. II, p. 334.

46. L'art abstrait était décrit comme : « accusé
1. d'être volontairement inexpressif et cérébral à l'excès, partant, de se trouver en contradiction avec la nature même de l'art véritable qui serait essentiellement d'ordre sensuel et émotif;
2. d'avoir volontairement remplacé l'émotion venant des lointaines profondeurs de l'inconscient par un exercice plus ou moins adroit et subtil, mais toujours objectif, de tons purs et de dessins géométriques;
3. d'avoir restreint les possibilités qui s'offraient à la peinture et à la sculpture jusqu'à réduire l'œuvre d'art à un simple jeu de couleurs inscrites dans des formes d'un rationalisme plastique très restrictif qui pouvait tout au plus convenir à l'affiche et au catalogue de publicité et nullement aux œuvres qui se prévalent du domaine artistique;
4. d'avoir par sévérité technique et dépouillement total engagé l'art dans une impasse et d'avoir ainsi supprimé toutes ses possibilités d'évolution et de développement. »

47. *Cf. Regards sur le passé, op. cit.*, p. 109.

48. *Actes des conciles de Moscou de 1666-1667*, Moscou, 1893, chapitre 43, *Cf.* commentaires de Léonide Ouspensky in *La Théologie de l'icône dans l'Eglise orthodoxe*, Paris, Cerf, 1980, pp. 344-386.

49. Lettre du 12 octobre 1930 à Will Grohmann, in Will Grohmann, *Wassily Kandinsky, sa vie, son œuvre*, Paris, Flammarion, 1958, pp. 188-189.

POINT ET LIGNE
SUR PLAN

CONTRIBUTION À L'ANALYSE
DES ÉLÉMENTS DE LA PEINTURE [1]

Staatliches Bauhaus, Weimar.

△ ☐

◯

Specialität (Beruf): ....

Geschlecht: ....

Nationalität: ....

*Die 3 aufgezeichneten Formen sind mit 3 Farben auszufüllen – **gelb, rot u. blau** und zwar so, daß eine Form von einer Farbe vollständig ausgefüllt wird:*

Wenn möglich ist eine Begründung dieser Verteilung beizufügen.

———

Begründung:

Wassily Kandinsky, questionnaire pour l'atelier de peinture murale au Bauhaus, *cf. infra*, p. 246.

AVANT-PROPOS
DE LA PREMIÈRE ÉDITION

Il n'est peut-être pas sans intérêt de noter que les idées exposées dans ce petit livre constituent le développement organique de mon livre Du Spirituel dans l'Art. *Il faut que je poursuive dans la direction où je me suis engagé.*

Au début de la Grande Guerre, j'ai passé trois mois à Goldach sur le lac de Constance et j'ai consacré ce temps presque exclusivement à systématiser mes idées théoriques, souvent encore vagues, avec les expériences pratiques. Il en est résulté une documentation théorique assez importante.

Pendant presque dix ans je n'y ai pas touché, et ce n'est que récemment que la possibilité s'est offerte de m'en occuper de nouveau. Ce livre est un aperçu de ces travaux[2].

Les problèmes d'une toute récente science de l'art, posés délibérément d'une façon succincte, dépassent dans une évolution conséquente les limites de la peinture et finalement de l'art même. Ici, j'essaie de poser quelques jalons seulement — méthode analytique, tenant compte des valeurs synthétiques.

Weimar 1923
Dessau 1926
KANDINSKY

AVANT-PROPOS
DE LA DEUXIÈME ÉDITION

*Depuis 1914, le rythme (*Tempo*) de notre époque semble devenir toujours plus rapide. Les tensions internes accélèrent ce rythme dans tous les domaines que nous connaissons. Une seule année correspond à au moins dix ans d'une période « calme », « normale ».*

L'année qui s'est écoulée depuis la première édition de ce livre pourrait compter pour dix ans. Les développements, tant analytiques que synthétiques, intervenus dans la théorie aussi bien que dans la pratique – développements qui touchent non seulement la peinture mais aussi les autres arts, en même temps que les sciences « expérimentales » et « humaines » – confirment la justesse du principe qui a servi de base au présent ouvrage.

Pour le moment, il n'y aurait qu'une manière de le développer : ce serait de multiplier les cas particuliers ou les exemples, ce qui reviendrait à allonger le texte. Pour des raisons pratiques j'ai dû y renoncer.

Je me suis donc résolu à republier la première édition sans y apporter de changement.

Dessau
janvier 1928
KANDINSKY

INTRODUCTION

Extérieur-Intérieur

Tout phénomène peut être vécu de deux façons. Ces deux façons ne sont pas arbitrairement liées aux phénomènes – elles découlent de la nature des phénomènes, de deux de leurs propriétés :

Extérieur – Intérieur

Si nous observons la rue à travers la fenêtre, ses bruits sont atténués, ses mouvements sont fantomatiques et la rue elle-même, à cause de la vitre transparente, mais dure et rigide, paraît un être isolé palpitant dans un « au-delà ».

Mais que l'on ouvre la porte : nous sortons de l'isolement, nous participons de cet être, nous y devenons agissants et nous vivons sa pulsation par tous nos sens. L'alternance continue du timbre et de la cadence des sons nous enveloppe, les sons montent en tourbillon et subitement s'évanouissent. De même, les mouvements nous enveloppent – jeu de lignes et de traits verticaux et horizontaux, penchés par le mouvement en directions différentes, jeu de taches colorées qui s'agglomèrent et se dispersent, d'une résonance parfois aiguë, parfois grave.

L'œuvre d'art se reflète à la surface de la conscience. Elle se trouve « au-delà » et, quand l'excitation cesse, elle disparaît de la surface sans trace. Il y a là aussi comme une vitre transparente, mais dure et rigide, qui empêche tout contact direct et intime. Là encore nous avons la possibilité de pénétrer dans l'œuvre, d'y devenir actifs et de vivre sa pulsation par tous nos sens.

Analyse

Hormis sa valeur scientifique, qui dépend d'un examen précis des éléments particuliers de l'art, l'analyse de ces éléments constitue un pont vers la vie intérieure de l'œuvre.

L'opinion, répandue aujourd'hui encore, qu'il serait fatal de « disséquer » l'art, et que cette autopsie mènerait inévitablement à la mort de l'art, résulte de l'ignorante dépréciation des éléments mis à nu et de leurs forces primaires.

Peinture et autres arts

Quant aux examens analytiques, la peinture occupe, chose remarquable, une place à part parmi les arts. L'architecture, par exemple, liée de par sa nature aux buts pratiques, dépendait de prime abord de certaines connaissances scientifiques. La musique, qui n'a pas de but pratique (sauf la musique de marche ou de danse) et qui jusqu'aujourd'hui permettait seule des œuvres abstraites, possède depuis longtemps sa théorie, une science peut-être encore quelque peu partiale, mais en développement constant. Ainsi ces deux arts, aux antipodes l'un de l'autre, possèdent une base scientifique, sans que l'on s'en formalise.

Si les autres arts sont restés, sur ce plan, plus ou moins en retard, le degré de ces différences est fonction du degré de développement de chacun de ces arts.

Théorie

Tout particulièrement la peinture qui, en effet, a accompli au cours des dernières décennies un bond miraculeux, mais qui n'a été libérée que récemment de son but « pratique » et des servitudes de ses applications, vient d'atteindre un niveau qui exige un examen de ses moyens picturaux en vue du but pictural. Dans ce sens, nous ne pouvons accéder au degré suivant sans cet examen – et cela est vrai autant pour l'artiste que pour le « public ».

Aux époques passées

On peut considérer comme une certitude que la peinture n'a pas toujours été autant à l'abandon sur ce plan qu'elle l'est aujourd'hui, que certaines connaissances théoriques existaient, et cela non seulement concernant les questions purement techniques, mais qu'un certain traité de composition pouvait être enseigné – et fut enseigné – au débutant, et que quelques connaissances concernant particulièrement les éléments picturaux, leur essence et leur emploi par l'artiste étaient choses connues*.

A l'exception des recettes purement techniques (fond, médium, etc.) retrouvées en nombre il y a vingt ans à peine**, et qui ont eu leur importance dans le développement de la fabrication des colorants, particulièrement en Allemagne, rien n'a été sauvegardé des connaissances antérieures d'une science de l'art, hautement développée peut-être. C'est un fait curieux que les Impressionnistes dans leur lutte contre les conceptions « académiques » détruisirent les derniers vestiges d'une théorie de la peinture; mais malgré leur thèse que la nature serait la seule théorie pour l'art, ils posèrent aussitôt, quoique inconsciemment, les bases d'une nouvelle science de l'art***.

Histoire de l'art

Une des tâches principales de cette récente science de l'art devrait être, d'une part, l'ana-

---

* Par exemple, l'emploi dans la composition des trois plans originaires comme base de la construction du tableau. Récemment encore on se basait dans les académies d'art sur quelques-unes de ces notions; il en est peut-être encore de même aujourd'hui.

** Ainsi, par exemple, l'œuvre si précieuse de Ernst Berger, *Beiträge zur Entwicklungsgeschichte der Maltechnik*, 5 fasc., Georg D. W. Callwey Verlag, Munich. Depuis, une abondante littérature a paru sur ce sujet. Dernièrement paraissait l'œuvre importante du Professeur Dr Alexander Eibner, *Entwicklung und Werkstoffe der Wandmalerei vom Altertum bis zur Neuzeit,* Verlag B. Heller, Munich.

*** Aussitôt paraissait le livre de Paul Signac : *De Delacroix au Néo-Impressionnisme.*

lyse approfondie de l'ensemble de l'histoire de l'art concernant les éléments, la construction et la composition aux différentes époques et chez les différents peuples, d'autre part, la constatation de l'évolution dans le champ de ces trois questions : l'itinéraire méthodique (*das Weg*), le rythme du progrès (*das Tempo*) et la nécessité de l'enrichissement et du développement, vraisemblablement effectué par bonds, et qui dans l'histoire de l'art se déroule peut-être selon une ligne de développement précise et, c'est possible, ondoyante. La première partie de cette tâche – l'analyse – est proche de celle des sciences « concrètes » (*positiven*), la deuxième – la nature du développement – s'apparente aux problèmes philosophiques. Ici se forme le point d'appui de la conformité aux lois (*Gesetzmäßigkeit*), du développement humain en général.

« Démembrement »

Notons en passant que la redécouverte de ces connaissances perdues, et datant des époques révolues, ne peut se faire qu'au prix d'un grand effort, ce qui devrait éliminer définitivement la crainte au sujet d'un « démembrement » de l'art. Car, si les enseignements « morts » sont si profondément enfouis dans les œuvres vivantes qu'ils ne peuvent être amenés au jour qu'à grand-peine, leurs effets « nuisibles » ne sont que peur du « non-savoir ».

Deux buts

Les recherches, qui doivent être la base de cette nouvelle science – la science de l'art – ont deux buts et découlent de deux impératifs :

1. du simple désir de savoir, spontanément issu d'un besoin de connaître, sans aucun but pratique, la science « pure » et
2. de la nécessité d'un équilibre des forces créatrices, classées schématiquement en deux composantes – intuition et calcul : la science « appliquée ».

Comme nous sommes tout au début de ces recherches, qui nous paraissent encore un labyrinthe se perdant de tous côtés dans la brume, et comme nous sommes incapables de concevoir leur évolution future, nous devons entreprendre ces recherches d'une façon systématique, ce qui nécessite un schéma clair.

Éléments

Le premier problème qui s'impose est naturellement celui des *éléments de l'art*, qui sont le matériau des œuvres, et qui doivent être de nature différente pour chaque forme d'art.

Nous devons tout d'abord distinguer des autres éléments les *éléments de base*, c'est-à-dire ceux sans lesquels aucune œuvre ne peut naître dans tel ou tel domaine de l'art.

Quant aux autres éléments, ils doivent être désignés comme *éléments secondaires*.

Dans les deux cas des nuances s'imposent.

Dans ce livre nous traitons de deux éléments de base, qui constituent le départ de toute œuvre picturale, sans lesquels ce départ serait impossible, et qui présentent en même temps déjà un matériau complet pour ce domaine autonome de l'art : le dessin.

Nous devons donc commencer ici par l'élément originel de la peinture : par le point.

Voie de la recherche

L'ambition de toute recherche est :
1. l'examen minutieux de chaque phénomène – isolé,
2. effet réciproque des phénomènes – synthèse,
3. conclusion générale, découlant des deux parties précédentes.

Notre but dans ce livre ne concerne que les deux premières parties. Pour la troisième la documentation serait insuffisante, d'ailleurs il faudra éviter les conclusions prématurées.

L'examen devrait se faire d'une façon précise, minutieuse et exacte. Ce chemin « fastidieux » devrait se faire pas à pas; aucun changement du caractère, des propriétés et des effets de chaque élément ne devrait échapper au regard attentif. Ce n'est qu'au prix d'une telle analyse microscopique que la science de l'art pourra nous conduire vers une vaste synthèse qui, dépassant les limites de l'art, atteindra le lieu de l'unité de l'humain et du divin.

Voilà le but perceptible, mais encore loin de « l'aujourd'hui ».

Le dessein de ce livre

Quant à ma tâche, ce n'est pas seulement la force qui me manque, mais aussi la place, pour assurer au moins l'exactitude initiale. Le but de ce petit livre est de démontrer d'une façon générale les principes des éléments « graphiques » de base, et cela :
1. dans l'« abstrait », c'est-à-dire isolés de

l'entourage réel de la forme matérielle de la surface matérielle, et
2. sur la surface matérielle – l'effet des caractéristiques de cette surface.

Mais cela ne pourra se faire ici que dans le cadre d'une recherche peu approfondie – essai de trouver une méthode normale pour les recherches de science de l'art et de les contrôler dans la pratique.

POINT

Point géométrique

Le point géométrique est un être invisible. Il doit donc être défini comme immatériel. Du point de vue matériel le point égale Zéro.

Mais ce Zéro cache différentes propriétés « humaines ». Selon notre conception, ce Zéro – le point géométrique – évoque la concision absolue, c'est-à-dire la plus grande retenue, mais qui parle cependant.

Ainsi le point géométrique est, selon notre conception, l'ultime et unique *union du silence et de la parole*.

C'est pour cela que le point géométrique a trouvé sa forme matérielle en premier lieu dans l'écriture – il appartient au langage et signifie silence.

Écriture

Dans la fluidité du langage le point est le symbole de l'interruption, du Non-être (élément négatif) et en même temps il est le pont d'un Être à l'autre (élément positif). Dans l'écriture c'est cela sa *signification intérieure*.

Extérieurement il n'est ici qu'un signe dans son application pratique, portant en soi l'élément « utilitaire » que nous apprenons enfants déjà. Le signe devient une habitude voilant le son profond du symbole.

L'intérieur est muré par l'extérieur.

Le point fait partie du domaine des habitudes ancrées en nous avec leur résonance traditionnelle, qui est muette.

Silence

La résonance du silence, habituellement associé au point, est si forte que ses autres propriétés s'en trouvent assourdies.

Tout phénomène habituel et traditionnel perd son expression par un emploi restreint. Nous n'entendons plus sa voix et nous sommes entourés de silence. Nous sommes mortellement subjugués par « l'utilitaire-utile ».

Choc

Parfois, une secousse exceptionnelle peut nous arracher à cette léthargie, et nous redonner une sensibilité vive. Mais, souvent, même la secousse la plus forte ne peut revitaliser cet état léthargique. Les chocs *extérieurs* (maladie, malheur, chagrin, guerre, révolution) nous arrachent de force pour plus ou moins longtemps au cercle des habitudes traditionnelles, mais ils sont ressentis, en général, comme une « injustice » plus ou moins grave. Alors, le désir prédominant de retrouver au plus vite l'état perdu des habitudes traditionnelles l'emporte sur tout autre sentiment.

De l'intérieur

Les secousses venant de l'*intérieur* sont d'une autre nature – elles sont créées par l'homme lui-même et trouvent donc en lui un terrain approprié. Il n'en résulte point l'attitude d'observer la « rue » à travers la « fenêtre », dure, rigide, mais fragile, mais la capacité de se-rendre-dans-la-rue. L'œil ouvert et l'oreille attentive transforment les moindres sensations en événements importants. De toutes parts des voix affluent et le monde chante.

Comme l'explorateur qui découvre de nouveaux pays inconnus, nous faisons des découvertes dans le « quotidien », et l'entourage, d'ordinaire muet, commence à nous parler une langue de plus en plus claire. Les signes morts deviennent symboles vifs et ce qui était mort revit.

Évidemment la nouvelle science de l'art ne peut se concevoir qu'en changeant en symboles les signes[3], et que si l'œil ouvert et l'oreille attentive trouvent la voie qui mène du silence à la parole. Que ceux qui n'en sont pas capables délaissent l'art « théorique » ou « pratique », – leurs efforts ne conduiront jamais vers un pont et ne feront qu'élargir encore l'abîme actuel entre l'homme et l'art. Ce sont justement des hommes comme ceux-là qui prétendent aujourd'hui mettre un point final après le mot Art.

Isolement

En isolant petit à petit le point du cercle restreint de son action habituelle, ses caractéristiques intérieures, muettes jusqu'alors, dégagent une résonance accrue. Ses caractéristiques – tensions intérieures – se dégagent une à une des profondeurs de son être et leurs forces rayonnent. Leurs effets et influences surmontent les refoulements humains. Bref – le point mort devient un être vivant.

Entre de nombreuses possibilités citons deux cas types :

Premier cas

1. Déplaçons le point de sa position pratique et utilitaire dans une position inutile, donc alogique.

>Aujourd'hui je vais au cinéma.
>Aujourd'hui je vais. Au cinéma
>Aujourd'hui je. Vais au cinéma

Il est évident que dans la deuxième phrase le changement du point peut encore paraître logique – soulignant le but, insistant sur l'intention, claironnant.

Dans la troisième phrase l'alogisme devient flagrant, mais il peut s'expliquer comme une faute de typographie – la valeur intérieure du point apparaît comme un éclair, mais est aussitôt effacée.

Deuxième cas

2. Nous déplaçons le point de sa position utilitaire et pratique de sorte qu'il se trouve à l'extérieur de l'alignement de la phrase.

>Aujourd'hui je vais au cinéma

●

Dans ce cas le point exige un espace libre plus

grand pour que sa résonance s'affirme. Pourtant ce son reste fragile, modeste et est submergé par le voisinage de la phrase.

Plus grande libération

L'agrandissement de l'espace libre et des dimensions du point diminue la résonance de l'écriture et le son du point gagne en clarté et force (fig. 1).

●

Fig. 1

Ainsi se produit une résonance double (*Zweiklang*) – écriture-point – *en dehors* de la relation pratique-utilitaire. C'est un balancement de deux mondes qui ne pourront jamais s'équilibrer. Nous nous trouvons devant une situation insensée, anarchique – l'écriture est troublée par un élément étranger, avec lequel nulle relation n'est possible.

Être autonome

Le point, arraché ainsi à sa position habituelle, prend maintenant l'élan pour faire le bond d'un monde à l'autre, se libérant de sa soumission et du pratique-utilitaire. Le point commence à vivre comme un *être autonome* et de sa soumission il évolue vers une *nécessité intérieure*. C'est là le monde de la peinture.

Par le choc

Le point est le résultat de la première rencontre de l'outil avec la surface matérielle, le plan originel. Papier, bois, toile, stuc, métal, etc. peuvent constituer cette surface matérielle. Crayon, gouge, pinceau, plume, ou burin peuvent être l'outil. Par ce premier choc le plan originel est fécondé.

Concept

La notion extérieure du point dans la peinture est imprécise. Le point géométrique invisible, en se matérialisant, doit atteindre une certaine dimension, occupant une certaine surface sur le plan de base. En outre il doit avoir des limites – contours – qui l'isolent de l'entourage.

Cela va de soi et paraît simple au premier abord. Mais malgré cette simplicité nous nous heurtons immédiatement au manque de précision qui dénote l'état embryonnaire de l'actuelle théorie de l'art.

Dimension

Les dimensions et les formes du point varient et de ce fait change aussi la résonance relative du point abstrait.

Extérieurement nous pouvons définir le point comme la plus petite forme de base. Pourtant cette définition n'est pas précise. Il est difficile de définir les limites de la notion « la plus petite forme », – le point peut grandir, devenir surface et remplir imperceptiblement toute la surface de base, – où serait alors la limite entre point et surface ?

Nous devons tenir compte ici de deux conditions :
1. le rapport entre les dimensions du point et de la surface de base et
2. le rapport de ces dimensions avec les autres formes sur cette même surface.

Ce qui peut être considéré comme point sur une surface de base totalement vide doit être désigné comme surface, si sur la même surface de base une ligne toute fine s'ajoute (fig. 2).

Fig. 2

Dans les deux cas le rapport des dimensions définit la notion de point, ce qui aujourd'hui ne pourra s'évaluer que par intuition – une formule numérique précise manque.

Aux limites

Ainsi, aujourd'hui, nous ne pouvons définir et évaluer qu'intuitivement les limites extrêmes du point. L'approche de ces limites extrêmes, voire le dépassement de ces limites, le moment précis où le point comme tel commence à disparaître pour céder la place à une surface naissante, est un moyen vers le but.

Notre but dans ce cas est de *voiler* le son absolu, de souligner la dissolution, de faire résonner l'imprécision dans la forme, l'instabilité, le mouvement positif (voire négatif), le scintillement, la tension, le non-naturalisme de l'abstraction, le risque de la superposition intérieure. (Les résonances intérieures du point et de la surface rebondissent, se superposent et rejaillissent.) Double son[4] dans *une* seule forme, c'est-à-dire création du double son par *une* forme. Cette diversité et complexité dans l'expression de la forme « la plus petite » – obtenues par des changements minimes de ses dimensions – offrent même aux plus ingénus un exemple plausible de la profondeur et de la force d'expression des formes abstraites.

Forme abstraite

Avec l'évolution future de ces moyens d'expression et avec la réceptivité accrue du spectateur, des notions plus précises seront indispensables et pourront être obtenues par mensuration. La formule numérique sera inévitable.

Formule numérique

Il demeure le danger que les formules restent en deçà de la sensibilité et la freinent. La

formule ressemble à de la glu et rappelle le
« papier tue-mouches » dont les inconscients
deviennent les victimes. La formule est aussi
comme un fauteuil-club, entourant l'homme de
ses bras tièdes. Mais l'effort pour se libérer de
ces liens est la condition d'un bond en avant
vers de nouvelles valeurs, et finalement vers des
formules nouvelles. Même les formules meurent
et seront remplacées par des découvertes plus
récentes.

Forme

Le deuxième fait inévitable est la limite extérieure du point qui définit sa forme *extérieure*.

En pensée abstraite ou dans notre conception, le point est idéalement petit, idéalement rond. En somme il est le cercle idéalement petit. Mais autant que ses dimensions, ses contours sont aussi relatifs. Dans sa forme réelle le point peut prendre un nombre infini d'apparences : à sa forme circulaire peuvent s'ajouter de petites

Fig. 3. Exemples des formes de points

dentelures, il peut pencher vers d'autres formes géométriques ou même libres. Il peut être pointu et s'approcher du triangle. Par une tendance vers une relative immobilité, il se fait carré. Ses dentelures peuvent être minutieuses ou généreuses et se trouver dans des rapports multiples. Nous ne pouvons définir de limites, le domaine des points est illimité (fig. 3).

Sonorité première

Ainsi la sonorité première du point est variable selon ses dimensions et sa forme. Mais cette variabilité ne signifie qu'une variante de coloration relative de son caractère fondamental, qui reste inaltérable.

Absolu

Nous devons souligner toutefois que, dans la réalité, il n'existe pas d'éléments de sonorité absolue, de rayonnement monochrome, pour ainsi dire, et que même les éléments que nous appelons « éléments de base ou éléments primaires » sont complexes et nullement simples. Les notions qui désignent une chose comme « primitive » ne sont que des notions relatives et de la même façon notre langage « scientifique » reste relatif. L'absolu nous est inconnu.

Notion intérieure

Au début de ce chapitre, en parlant de la valeur pratique et utilitaire du point, nous l'avons défini comme une notion liée au silence plus ou moins long dans le langage écrit.

Pris dans sa signification *intérieure*, le *point* constitue une *affirmation* profondément liée à la plus grande *retenue*.

Le point est, intérieurement, la forme la plus concise.

Il est introverti. Jamais il ne perd totalement cette caractéristique – même si sa forme extérieure devenait anguleuse.

Tension

En définitive sa tension reste concentrique – même au moment d'une tendance excentrique, quand une dualité de sonorité apparaît entre le concentrique et l'excentrique.

Surface

Le point est un petit monde à part – isolé plus ou moins de tous côtés, et presque arraché à son entourage. L'intégration à son entourage est minime et paraît inexistante si le point est parfaitement rond. D'autre part, il maintient solidement sa position et ne montre aucune tendance de mouvement dans quelque direction que ce soit, ni horizontalement, ni verticalement. Il n'avance pas, il ne recule pas, seule sa tension concentrique démontre sa parenté avec le cercle, ses autres caractéristiques sont plus proches de celles du carré*.

Définition

Le point s'incruste dans le plan originel et s'affirme à tout jamais. Ainsi est-il, intérieurement, *l'affirmation la plus concise et permanente*, qui se produit brièvement, fermement et vite.

C'est pour cela que le point est au sens

* Voir mon article au sujet des relations entre les éléments-couleur et les éléments-forme : « Les éléments fondamentaux de la forme »[5].

extérieur et intérieur *l'élément premier de la peinture* et spécifiquement de l'art « graphique »*.

<small>« Élément » et élément</small>

La notion d'élément peut être interprétée de deux façons : comme notion extérieure ou intérieure.

Extérieurement toute forme graphique ou picturale est un élément. Intérieurement ce n'est pas la forme, mais sa tension vivante intrinsèque qui constitue l'élément.

En effet, ce ne sont pas les formes extérieures qui définissent le contenu d'une œuvre picturale, mais les forces-tensions qui vivent dans ces formes**.

Si, subitement, par un mauvais sort, les tensions disparaissaient ou s'évanouissaient, l'œuvre vivante disparaîtrait aussitôt. D'autre part, tout assemblage (*Zusammenstellung*) fortuit de formes diverses deviendrait une œuvre. Le contenu d'une œuvre s'exprime par la composition, c'est-à-dire par la somme intérieurement organisée des tensions voulues.

Cette affirmation paraissant si simple a pourtant une importante signification de principe :

---

* Il existe une désignation géométrique du point par O – *origo*, c'est-à-dire « origine » ou commencement. Les définitions géométriques et picturales sont identiques. En tant que symbole aussi le point est défini comme « élément d'origine ». (*Das Zeichenbuch* de Rudolf Koch, 2e édition, Verlag W. Gerstung, Offenbach a. M., 1926).

** *Cf.* Heinrich Jacoby : *Jenseits von « musikalisch » und « unmusikalisch »*, Verlag F. Enke, Stuttgart, 1925. Différence entre « matière » et énergie du son (page 48).

son acceptation ou son refus ne divise pas seulement les artistes contemporains mais aussi tous les hommes de notre époque en deux catégories opposées :
1. ceux qui admettent le non-matériel ou le spirituel en dehors des concepts matériels, et
2. ceux qui ne veulent rien admettre qui ne soit matériel.

Pour cette deuxième catégorie l'art ne peut pas exister, et c'est pour cela qu'ils nient même le mot « art » et cherchent à le remplacer.

De notre point de vue on devrait faire une distinction entre élément et « élément », en comprenant par « élément » la forme dépourvue de tension, et par élément la tension contenue dans cette forme. Ainsi les éléments sont abstraits, au sens profond, et la forme même est « abstraite ». S'il était effectivement possible de travailler avec des éléments abstraits, la forme extérieure de la peinture contemporaine changerait profondément, ce qui ne signifierait pas que toute peinture deviendrait superflue : car même les éléments picturaux abstraits garderaient leur valeur picturale, tout comme les éléments de la musique.

Temps

La stabilité du point, son refus de se mouvoir sur le plan ou au-delà du plan, réduisent au minimum le temps nécessaire à sa perception, de sorte que l'élément temps est presque exclu du point, ce qui le rend, dans certains cas, indispensable à la composition. Il correspond à la brève percussion du tambour ou du triangle dans la musique, aux coups secs du pivert dans la nature.

Le point dans la nature

Aujourd'hui encore l'emploi du point ou de la ligne en peinture est mal vu par certains théoriciens d'art qui aimeraient maintenir, parmi d'autres cloisons, la vieille séparation entre deux domaines artistiques qui paraissaient récemment encore bien séparés : la peinture et les arts graphiques. Aucune raison *intérieure* n'existe pour une telle séparation*.

Le temps dans la peinture

Le problème du temps dans la peinture est autonome et complexe. Il n'y a que peu d'années que là encore on commençait à démolir un mur**. Ce mur séparait jusqu'alors deux domaines de l'art : la peinture et la musique.

---

* La raison de cette distinction est tout extérieure, et si une désignation plus précise était nécessaire, il serait plus logique de parler de peinture manuelle et de peinture imprimée, ce qui indiquerait le caractère technique des œuvres. La notion d'art « graphique » est devenue vague – souvent on inclut l'aquarelle dans les arts graphiques, ce qui prouve bien la confusion qui règne dans les définitions usuelles. Une aquarelle, peinte à la main, est une œuvre picturale ou, plus précisément, une peinture manuelle. La même aquarelle, fidèlement reproduite par la lithographie, reste une œuvre picturale mais, plus précisément, de la peinture imprimée. Comme différence essentielle on pourrait ajouter la désignation peinture en « noir et blanc » ou peinture en « couleurs ».

** Les premiers efforts dans cette direction datent de l'année 1920, par exemple à l'Académie russe d'Esthétique, à Moscou[6].

La distinction apparemment claire et justifiée :
Peinture – Espace (Plan)
Musique – Temps
est devenue subitement discutable par un examen plus approfondi (quoique encore superficiel) – et cela d'abord pour les peintres*. Le fait d'ignorer généralement aujourd'hui encore l'élément temps dans la peinture montre bien la légèreté des théories dominantes, loin de toute base scientifique. Nous n'envisageons pas d'approfondir ici cette question, – mais certains faits, qui éclairent l'apparition de l'élément temps, doivent être soulignés.

Le point est la forme temporelle la plus concise.

Nombre d'éléments dans l'œuvre

Le point, qui est
1. une entité (dimension et forme) et
2. une unité bien définie,

peut être, théoriquement, dans certains cas de combinaison avec le plan de base un moyen d'expression suffisant.

Vue schématiquement, une œuvre pourrait consister, en fin de compte, en un seul point. Cette affirmation ne doit pas être prise à la légère.

Si actuellement le théoricien (qui est souvent en même temps le peintre « exécutant ») sélec-

---

* Par mon passage définitif à l'art abstrait, j'ai trouvé l'évidence de l'élément temps dans la peinture et je m'en suis servi depuis dans la pratique [7].

tionne obligatoirement et examine avec une certaine attention les éléments de base pour trouver un système des éléments de l'art, il ne se pose pas seulement la question de l'emploi de ces éléments, mais aussi, avec la même acuité, le problème du nombre d'éléments nécessaires à une œuvre, fût-elle conçue théoriquement.

Cette question fait partie de la grande théorie de la composition qui, actuellement, est vague encore. Nous devons procéder, ici encore, d'une façon conséquente et systématique – en commençant par le commencement. En dehors de l'analyse des deux éléments primaires, le but de cet exposé est uniquement d'indiquer les relations avec un plan de travail général et scientifique et de définir la direction vers une science de l'art. Les indications ici ne définissent que la marche à suivre.

C'est dans cet esprit que nous traitons la question : un point peut-il constituer une œuvre?

Nous trouvons plusieurs possibilités.

Le cas le plus simple et le plus concis est celui du point central – du *point au centre* du plan de base constitué par un carré (fig. 4).

L'image première

L'élimination de l'expression du plan originel est poussée ici au maximum et constitue un cas unique*. La dualité – Point-Plan – prend le

* Cette constatation ne peut être approfondie que par les explications qui figurent dans le chapitre concernant le Plan Originel.

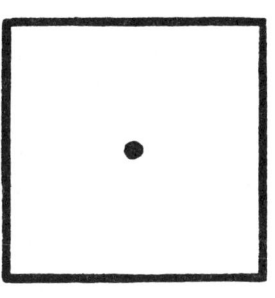

Fig. 4

caractère d'une harmonie simple : la résonance du plan devient relativement inexistante. Allant vers une simplification, ceci constitue le cas extrême d'une suite de dissolutions de résonances multiples et doubles, en excluant tout élément complexe – réduction de la composition à l'unique élément originaire. Voici *l'image première de toute expression picturale.*

Concept de composition

Ma définition du concept de composition est :
La composition est la subordination intérieurement conforme au but
1. des éléments isolés, et
2. de la construction
à la fin picturale concrète.

Harmonie comme composition
Base

Si la résonance harmonieuse correspond complètement au but pictural donné, cette résonance harmonieuse doit être considérée comme l'équivalent d'une composition. Elle est devenue la composition même*.

Les différences de composition – les buts picturaux – constituent, superficiellement, uniquement l'équivalent d'une différence numérique. Ce sont des différences quantitatives. – Pour le cas « Image première de l'expression picturale » l'élément qualificatif est évidemment exclu. Si pour l'appréciation de l'œuvre la *base qualitative* est déterminante, la composition exige au moins une résonance double. Ce cas fait partie des exemples qui soulignent avec insistance la différence entre mesures et moyens extérieurs et intérieurs. Nous ne pouvons qu'affirmer ici ce que nous comptons prouver ensuite, à savoir que des résonances doubles vraiment pures n'existent pas en réalité. En tout cas, une composition sur des bases qualitatives ne peut résulter que de l'emploi de résonances multiples.

Organisation (*Aufbau*) excentrique

Au moment où nous déplaçons le point du centre du plan de base – organisation excentrique –, la résonance double devient perceptible :
1. résonance absolue du point
2. résonance de l'emplacement donné sur le plan originel.

* A ce problème s'ajoute une question « actuelle » : une œuvre d'art peut-elle être produite par un procédé purement mécanique? La réponse doit être affirmative dans les cas de thèmes numériques tout à fait simples.

Cette résonance secondaire, que l'organisation centrale avait réduite au silence, redevient perceptible et transforme le son absolu du point en résonance relative.

Augmentation quantitative

Une répétition de ce point sur le plan original provoque, évidemment, un résultat bien plus compliqué encore. La multiplication est un facteur puissant pour augmenter l'émotion intérieure et, en même temps, elle crée un rythme primitif qui est, de nouveau, un moyen pour obtenir une harmonie primitive dans tout art. Par ailleurs nous nous trouvons en présence de deux résonances doubles : chaque endroit du plan de base possède sa résonance propre avec sa coloration individuelle. Ainsi des faits apparemment peu importants provoquent des effets d'une complexité inattendue.

Voici les faits de notre exemple :
Éléments : 2 points + plan.
Effet :
1. résonance intérieure d'un point;
2. répétition de la résonance;
3. résonance double du premier point;
4. résonance double du deuxième point;
5. accord de la somme de toutes ces résonances.

Sachant que le point est une unité compliquée (ses dimensions et sa forme), nous pouvons imaginer aisément l'avalanche des accords qui se produisent sur le plan par une multiplication progressive des points – même si les points sont identiques – et comme cette avalanche s'étend, si par la suite des points d'une inégalité croissante quant à leurs dimensions et leurs formes, sont projetés sur le plan.

La nature

Dans un autre domaine autonome – dans la nature –, nous rencontrons souvent une accumulation de points, qui est toujours conforme au but et organiquement nécessaire. Ces formes naturelles sont en réalité des corpuscules spatiaux. Leur rapport avec le point abstrait (géométrique) est le même que celui du point pictural. Nous pouvons aussi considérer le « monde » entier comme une composition cosmique complète, composée elle-même d'un nombre infini de compositions autonomes de plus en plus petites, toutes composées finalement, dans le macrocosme comme dans le microcosme, de points, ce qui rend au point, par ailleurs, son état originaire géométrique. Ce sont des unités de points géométriques, se trouvant sous différentes apparences en équilibre dans l'infini géométrique. Les plus petites de ces formes définies et centrifuges nous apparaissent effectivement à l'œil nu comme des points librement disposés. C'est l'aspect de bien des graines ; et si nous ouvrons la belle boule, polie comme l'ivoire, du fruit du pavot (qui n'est qu'un point-boule plus grand), nous découvrons dans cette boule chaude des accumulations logiquement composées de points froids gris-bleu qui portent en eux une fertilité latente, tout comme le point pictural.

Parfois ces formes se produisent dans la nature par scission ou désagrégation des unités dont nous avons parlé – pour ainsi dire comme départ vers la forme originaire géométrique. Si le désert est une mer de sable, composée exclusivement de points, l'irrésistible capacité mouvante de tous ces points « morts » ne manque pas de nous effrayer.

Dans la nature aussi le point est un être introverti plein de possibilités (fig. 5 et 6).

Fig. 5. Amas d'étoiles dans Hercule (Newcomb-Engelmanns, Popul. Astronomie, *Leipzig, 1921. p. 294)*

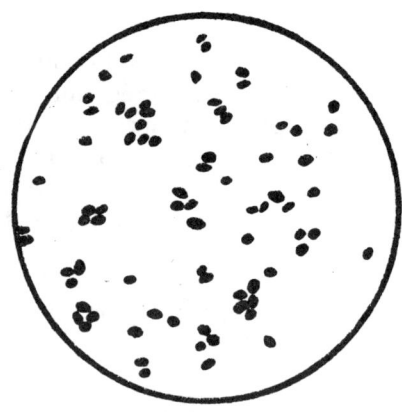

*Fig. 6. Formation de nitrite, agrandie 1 000 fois.
(*Kultur der Gegenwart[8], *T. III, Sect. IV, 3, p. 71)*

Les autres arts

Nous trouvons des points dans tous les arts et l'artiste deviendra de plus en plus conscient de leur force intrinsèque.

Nous ne devons pas méconnaître leur importance.

Sculpture
Architecture

Dans la sculpture et dans l'architecture le point est la résultante de l'intersection de plusieurs plans – il est l'aboutissement d'un angle spatial, et d'autre part il est à l'origine de ces plans : les plans doivent se diriger vers le point et se développer à partir de là. Dans les bâtiments gothiques, les points sont souvent affirmés par des pointes et soulignés plastiquement. Le même effet est obtenu dans les bâtiments chinois d'une façon tout aussi nette par une courbe qui conduit vers le point – des coups brefs et précis se produisent, transition vers la dissolution du volume, qui se répercute dans l'espace environnant. C'est justement dans cette sorte de bâtiments que nous pouvons supposer un emploi conscient du point, puisqu'il s'y manifeste en compositions voulues qui étirent les volumes jusqu'à une pointe extrême. Pointe = Point (fig. 7 et 8).

Fig. 7. Ling-ying-si, portail extérieur[9] *(Bernd Melchers*, China, Folkwang, Hagen i. W, *1922)*

Danse

Dans le ballet classique déjà on parlait de « pointes » – terminologie provenant sans doute du mot « point ». Les petits pas sur la pointe des pieds dessinent des points sur le sol. Le point apparaît aussi dans les sauts du danseur, la tête

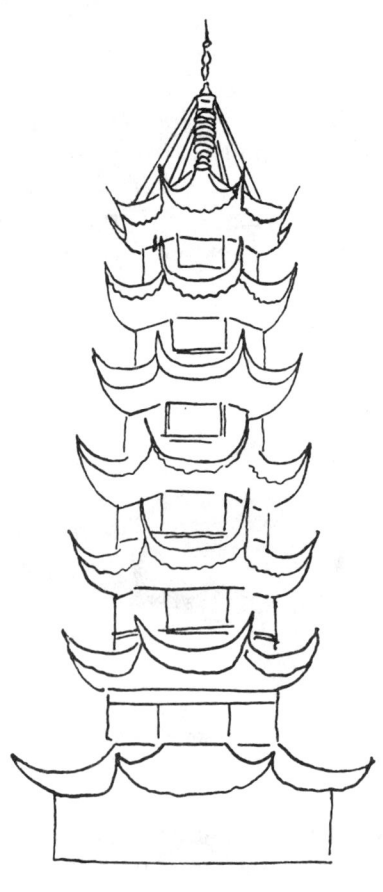

Fig. 8. Pagode de la beauté du Dragon, à Shanghai[10]
(construite en 1411)

Fig. 9. Un saut de la danseuse Palucca[11]

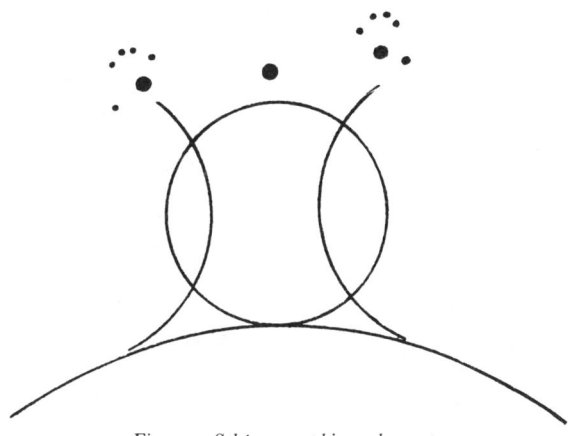

Fig. 10. Schéma graphique du saut

en s'élançant vers le haut, les pieds en touchant le sol les indiquent. Les sauts dans la danse moderne peuvent être opposés, dans certains cas, aux sauts classiques verticaux, car le saut « moderne » dessine parfois un plan à cinq pointes – la tête, deux mains, deux pointes des pieds, les dix doigts dessinant dix autres points plus petits (par exemple la danseuse Palucca, fig. 9). Les arrêts rigides et brefs constituent aussi des points, accents actifs et passifs, qui correspondent à la signification musicale du point.

Musique

En dehors des coups de tambour et du triangle dont nous avons déjà parlé, on peut produire, en musique, des points par toutes sortes d'instruments (surtout par les instruments à percussion.) Quant au piano, il ne permet des compositions complètes que par l'assemblage et la suite des points sonores*.

* Il devient manifeste que certains musiciens subissaient plus ou moins consciemment l'attrait d'une force qui s'exprime dans l'essence même du point, à preuve les « obsessions » de Bruckner, obsessions dont le contenu secret se dévoilait à ceux qui, sous les apparences, étaient aptes à les comprendre : « Même si l'admiration des points – dans les signatures et sur des panneaux – était obsessionnelle, ce n'était tout de même pas un esprit égaré qui se préoccupait de ces points; connaissant le caractère de Bruckner et plus spécialement sa façon de chercher des révélations – aussi dans ses études de théorie musicale –, son attirance vers l'unité originaire de toute dimension spatiale prend une signification psychologique. Au fond il cherchait partout les points essentiels, sources des dimensions infinies, qui le ramenaient à l'élément originaire. » Ernst Kurth, *Bruckner*, vol. 1, page 110, note. Max Hesses Verlag, Berlin.

Arts graphiques

Dans un domaine spécifique des arts plastiques, dans l'*art graphique*, les forces autonomes du point apparaissent avec évidence : l'outil donne à ces forces des possibilités multiples, quant à la diversité des formes et des dimensions, et crée ainsi des êtres innombrables et de résonances distinctes.

Procédés

Cette diversité et différence est facile à classer, si nous nous fondons sur les qualités spécifiques des procédés graphiques.

Les principaux procédés graphiques sont :
1. la gravure, et spécialement la pointe sèche,
2. la gravure sur bois, et
3. la lithographie.

La façon dont est créé le point montre avec netteté les différences entre ces trois procédés.

Gravure sur métal

Dans la *gravure* le petit point noir s'obtient naturellement avec une grande facilité, tandis qu'un grand point blanc est le résultat d'un certain effort et de quelques astuces.

Gravure sur bois

Dans la *gravure sur bois* les données sont justement renversées : le petit point blanc ne nécessite qu'un coup de gouge, le grand point noir exige effort et attention.

Lithographie

Dans la *lithographie* le chemin est ouvert aux deux possibilités et cela sans aucun effort.

Cinquième Symphonie de Beethoven (premières mesures)

Fig. 11. Ce thème traduit en points

La possibilité de rectifier le travail distingue aussi les trois procédés : en somme, la correction est impossible dans la gravure, limitée dans la gravure sur bois, illimitée dans la lithographie.

Atmosphère

En comparant ces trois procédés, nous essayons de démontrer qu'indiscutablement la technique lithographique devait être découverte en dernier lieu, en somme « aujourd'hui » seulement – la facilité ne s'obtient pas sans effort. D'ailleurs cette facilité du travail et de la correction correspond tout spécialement à notre époque. Le présent n'est qu'un tremplin vers l' « avenir » et ne peut être accepté avec sérénité que sous cet angle.

Les différences organiques ne sont jamais superficielles et ne doivent pas l'être – elles doivent indiquer les profondeurs, le fond des

Fig. 11. Ce thème traduit en points

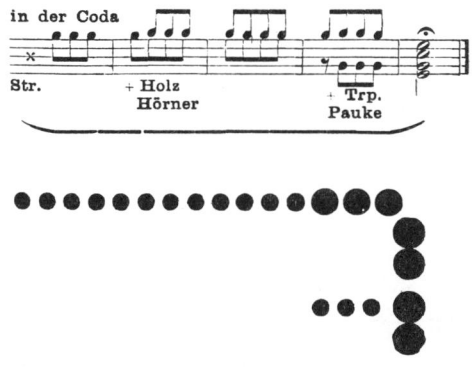

Fig. 11. Ce thème traduit en points

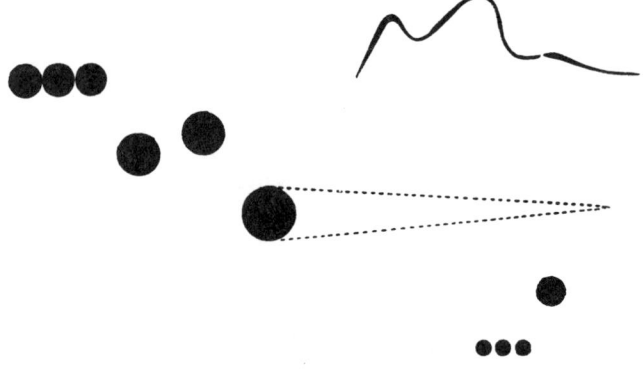

Fig. 11. Le deuxième thème traduit en points *

* Je tiens à remercier ici le maestro Franz v. Hoesslin, dont l'aide précieuse m'a permis ces transpositions.

choses. Les possibilités techniques aussi se développent organiquement et logiquement comme toute possibilité dans la vie « matérielle » (pin, lion, étoile, pou) ou bien « spirituelle » (œuvre d'art, principe moral, méthode scientifique, idée religieuse.)

Racines

Si les apparences des phénomènes séparés sont différentes comme des plantes, au point que leur parenté profonde reste cachée, et même si ces phénomènes paraissent à première vue chaotiques, une *nécessité intérieure* les ramène à une racine commune.

Errements

Poursuivant ce chemin, nous arrivons à reconnaître la valeur des différences, au fond toujours utiles et bien fondées, mais qui, employées à la légère, produisent des monstruosités contre nature.

Nous observons ce fait tout simple même dans un domaine aussi restreint que celui des arts graphiques – l'incompréhension des différences fondamentales entre les possibilités des procédés cités a souvent produit des œuvres inutiles, donc répugnantes. Elles doivent leur existence à l'incapacité de reconnaître la valeur intérieure des choses sous leur apparence – l'âme, telle une coque vide et durcie, reste à la surface et perd sa capacité de pénétrer vers les profondeurs où la pulsation devient perceptible.

Les artisans de la gravure du XIXe siècle étaient souvent fiers de leur habileté à donner l'illusion d'un dessin à la plume par une gravure sur bois ou celle d'une eau-forte par une lithographie. De tels ouvrages ne sont que des testimonia paupertatis [12]. Le chant du coq, la porte qui grince, l'aboiement du chien, imités au mieux sur le violon, ne pourront pas être considérés comme accomplissements artistiques.

Conformité au but

Matériaux et *outils* des procédés graphiques doivent répondre à la nécessité de créer trois caractères différents du point.

Matériau

Le papier peut toujours servir de support, mais le rôle de l'outil approprié est chaque fois différent. C'est pourquoi trois procédés se sont développés et continuent à exister parallèlement.

Outil et naissance du point

Parmi les différentes possibilités de la gravure on utilise volontiers la *pointe sèche* aujourd'hui, car elle correspond au besoin de vitesse et possède, d'autre part, une précision percutante. Le plan original peut rester entièrement blanc et dans ce blanc points et lignes sont profondément incrustés. La pointe travaille avec décision, assurance, et pénètre avec volupté dans la plaque. Le point est produit d'abord en négatif par un coup sec et précis.

La pointe est métal pointu – froid.

La plaque est cuivre lisse – chaud.

L'encre est étendue sur toute la plaque et essuyée de sorte que le petit point reste simplement et naturellement au fond de la clarté environnante.

Le poids de la presse est puissant. La plaque

épouse le papier. Le papier pénètre dans les moindres creux et en arrache l'encre. Processus passionné, conduisant à la liaison totale de l'encre avec le papier. Ainsi se produit le petit point noir – élément premier de la peinture.

Gravure sur bois :
L'outil : gouge – métal – froid.
La plaque : bois (par exemple buis) – chaud.
Le point est créé sans que l'outil le touche – l'outil le contourne, comme les douves contournent une forteresse, et doit bien éviter de le blesser. Pour que le point apparaisse, tout l'entourage doit être violé, arraché et anéanti.
L'encre est étendue sur la surface de sorte qu'elle couvre le point sans toucher l'entourage. Le tirage futur est nettement visible sur la plaque.
Le poids de la presse est doux – le papier ne doit pas pénétrer dans le creux, mais rester à la surface. Le petit point ne se trouve pas dans le papier, mais sur le papier. Son incrustation *dans* le plan résulte de ses forces intérieures.

Lithographie :
La plaque : pierre, teinte jaunâtre indéfinissable – chaud.
L'outil : plume, craie, brosse, tout objet plus ou moins pointu dont la touche est plus ou moins grande, finalement une pluie de gouttelettes (pulvérisation), grande variété, grande souplesse.

L'encre est étalée légèrement, son adhésion sur la plaque est fugitive et elle peut être effacée en frottant – la plaque retrouve aussitôt sa virginité.

Le point apparaît immédiatement – sans effort, sans perte de temps – par une touche brève et superficielle.

Le poids de la presse – insignifiant. Le papier touche indifféremment toute la plaque et ne reflète que les endroits fécondés.

Le point est si légèrement posé sur le papier, qu'on ne serait pas étonné s'il s'envolait.

Ainsi le point se trouve :
par la pointe sèche – dans le papier
par la gravure sur bois – dans et sur le papier
par la lithographie – sur le papier.

C'est ainsi que les trois procédés graphiques se distinguent, tout en s'impliquant.

Le point, qui reste toujours un point, acquiert ainsi différentes apparences, donc différentes expressions.

Facture

Ces dernières observations font partie du problème de la *facture*.

Nous désignons par « facture » la façon par laquelle les éléments sont liés entre eux et avec le plan original. Schématiquement cette façon dépend de trois facteurs :
1. de la nature du support, qui peut être lisse, rugueux, plat, etc.
2. de la nature de l'outil, où les différents pinceaux et brosses employés habituellement

aujourd'hui dans la peinture pourraient être remplacés par d'autres outils, et
3. de la touche, qui selon la consistance de la couleur peut être souple, ferme, percutante ou poudreuse – d'où la différence des liants et des moyens picturaux*.

Même dans le domaine très restreint du point nous ne devons pas négliger les possibilités de la matière (fig. 12 et 13). Malgré les limites étroites de l'élément le plus petit, les différents procédés ont leur importance, parce que la sonorité du point diffère chaque fois, selon la façon dont il a été obtenu.

Nous devons donc considérer :
1. le caractère du point par rapport à l'outil et par rapport à la nature du support (en ce cas la nature de la plaque),
2. le caractère du point dans son contact avec le support définitif (en ce cas le papier),
3. le caractère du point dans sa dépendance des caractéristiques du support définitif (en ce cas papier lisse, granuleux, strié, rugueux).

Mais quand une accumulation (*Aufhäufung*) des points est nécessaire, les trois cas précités se compliquent davantage par la nature du procédé – que ce soit par une accumulation des points obtenus à la main ou par des procédés plus ou moins mécaniques (pulvérisation).

Évidemment, toutes ces possibilités jouent un rôle plus important encore dans la peinture – les

---

* Nous ne pouvons traiter ici de ce problème plus à fond.

différences consisteront dans les particularités des moyens picturaux, qui offrent bien plus de variété de la matière que les moyens restreints des arts graphiques.

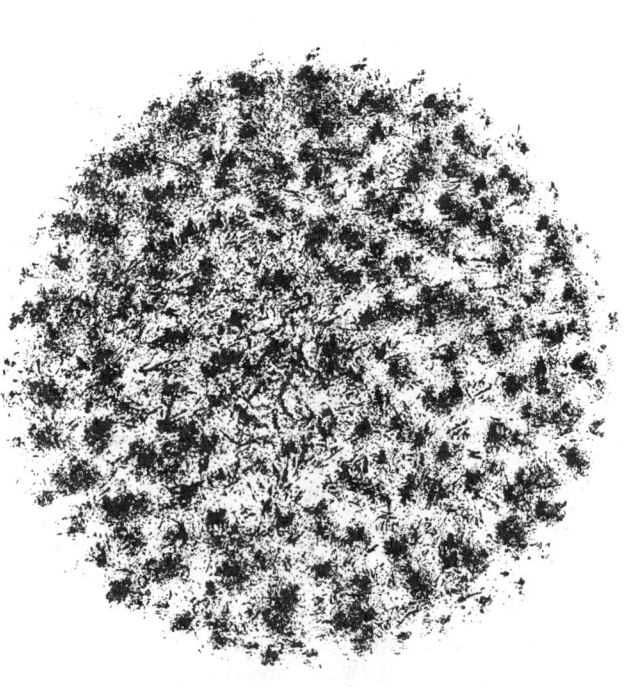

*Fig. 12. Combinaison (*Komplex*) centrée de points libres*

Il n'empêche que l'importance des problèmes de la matière reste entière aussi dans ce domaine restreint. La matière est subordonnée au but et doit être considérée et employée comme un moyen. Autrement dit : la matière ne doit pas être un but en soi, elle doit servir la composition (but) comme tout autre élément (moyen). Sinon il se produit une dissonance intérieure et les moyens l'emporteront sur le but. L'extérieur dépasse la signification intérieure – maniérisme.

Art abstrait

Nous voyons dans ce cas une des distinctions entre l'art « figuratif » et l'art abstrait. Dans le

Fig. 13. Un gros point s'appuyant sur de petits points (pulvérisation)

premier, la sonorité de l'élément « en soi » est voilée, refoulée. Dans l'art abstrait, la sonorité est pleine et dévoilée. Le petit point nous en donne une preuve indiscutable.

Parmi les œuvres graphiques figuratives, il en est qui sont composées exclusivement de points, qui veulent imiter des lignes (citons comme exemple une tête de Christ célèbre).

Il est évident que cet emploi du point n'est pas justifié, parce que le point est étouffé par la figuration et que sa résonance amoindrie le condamne à une vie végétative*.

Il est évident que tout procédé peut être utile et nécessaire à la composition dans l'art abstrait. Les preuves sont superflues.

Forces de l'intérieur

Tout ce qui a été dit ici en général au sujet du point fait partie de l'analyse du point fermé en soi et immobile. Les changements de ses dimensions amènent des changements de sa nature relative. Il dépasse sa propre dimension, mais sa tension concentrique ne subit qu'une diminution relative.

Force de l'extérieur

Mais il existe une autre force, prenant naissance non pas dans le point mais à l'extérieur.

* Évidemment, le problème est tout à fait différent, si l'on décompose une surface en points par une nécessité technique, comme par exemple dans la photogravure, qui exige une trame. Le point ne doit pas prétendre à une vie propre, dans ce cas, et il reste délibérément effacé, autant que le permet le procédé.

Cette force se précipite sur le point ancré dans le plan, l'en arrache et le pousse dans une quelconque direction.

La tension concentrique du point se trouvant ainsi détruite, le point disparaît et il en résulte un être nouveau, vivant une vie autonome et soumis à d'autres lois.

C'est la ligne.

LIGNE

La ligne géométrique est un être invisible. Elle est la trace du point en mouvement, donc son produit. Elle est née du mouvement – et cela par l'anéantissement de l'immobilité suprême du point. Ici se produit le bond du statique vers le dynamique.

La ligne est donc *le plus grand contraste* de l'élément originaire de la peinture, qui est le point. En vérité la ligne peut être considérée comme un élément secondaire.

Origine

Les forces extérieures qui transforment le point en ligne peuvent être de nature très différente. La diversité des lignes dépend du nombre de ces forces et de leurs combinaisons.

En fin de compte toutes les formes linéaires peuvent être ramenées aux deux cas suivants :
1. action d'une force, et
2. action de deux forces :

a) effet alternant des deux forces, unique ou répété,

b) effet simultané des deux forces.

I.A
La ligne droite

Quand une *force venant de l'extérieur* fait mouvoir le point dans une direction déterminée, se crée la première espèce de ligne qui maintient, inchangée, la direction prise, avec une tendance à continuer tout droit vers l'infini.

Ceci est la *ligne droite*, présentant dans sa tension *la forme la plus concise de l'infinité des possibilités de mouvement*. Nous remplaçons par « tension » la notion usuelle du « mouvement ». La notion habituelle est imprécise et mène donc vers des conclusions fausses, qui entraînent des méprises terminologiques ultérieures. La « tension » est la force vive de l'élément. Elle ne constitue qu'une part du « mouvement » actif. L'autre part est la « direction », définie elle aussi par le « mouvement ». Les éléments de la peinture sont des résultats réels du mouvement et cela comme :
1. tension, et
2. direction.

Cette distinction crée en outre une base pour départager les différentes sortes d'éléments, comme par exemple le point et la ligne. Le point ne possède qu'une seule tension et ne peut avoir de direction, tandis que la ligne possède indubitablement et tension et direction. Si nous n'examinions que la tension de la ligne droite, nous ne saurions distinguer une ligne horizontale d'une ligne verticale. Les mêmes constatations pourraient s'adapter à l'analyse des couleurs, car certaines couleurs ne se distinguent que par la direction de leurs tensions*.

Il y a trois espèces de lignes droites, les autres droites ne sont que des variantes.

1. La ligne droite la plus simple est la ligne *horizontale*. Elle correspond dans la conception humaine à la ligne ou à la surface, sur laquelle l'homme se repose ou se meut. L'horizontale est donc une base de soutien froide, pouvant continuer dans toutes les directions. Le froid et le plat sont les résonances de base de cette ligne, et nous pouvons la désigner comme *la forme la plus concise de l'infinité des possibilités de mouvements froids*.

2. Extérieurement et intérieurement, à l'opposé de cette ligne, se trouve, à l'angle droit, la ligne *verticale* où le plat est remplacé par la hauteur, donc le froid par le chaud. Ainsi la ligne verticale est *la forme la plus concise de l'infinité des possibilités de mouvements chauds*.

* Voir par exemple les caractéristiques de Jaune et Bleu dans mon livre *Du Spirituel dans l'art,* chap. VI, « Langage des formes et des couleurs », et tableaux I et II. Spécialement dans l'analyse des « formes graphiques », il importe d'employer avec précaution les définitions, car c'est ici que la direction des formes est décisive. Il est à déplorer que la peinture ne dispose pas d'une terminologie précise, ce qui rend difficile, et parfois même impossible, tout travail scientifique. Nous devons commencer par le commencement et un dictionnaire de la terminologie serait indispensable. Une tentative, entreprise à Moscou (vers 1919), n'a malheureusement pas donné de résultat. Peut-être l'époque ne s'y prêtait-elle pas encore [13]...

3. La troisième ligne droite type est la *diagonale*, schématiquement vue dans un angle identique à l'une et l'autre des lignes précédentes, ayant de ce fait la même inclinaison vers les deux, ce qui définit sa sonorité intérieure – union à parts égales de froid et de chaud. Donc *la forme la plus concise de l'infinité des possibilités de mouvements froids-chauds* (fig. 14 et 15).

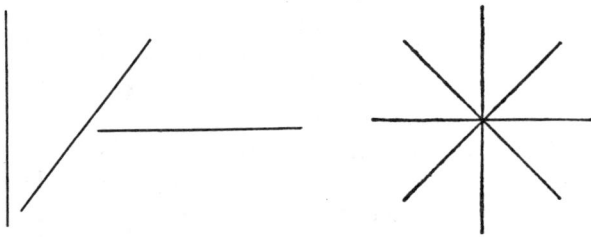

Fig. 14. Archétypes des lignes droites géométriques

Fig. 15. Schéma des archétypes

Température

Ces trois espèces sont les prototypes de lignes droites qui se distinguent par leurs températures :

| Mouvement illimité | 1. forme froide
2. forme chaude
3. forme froide-chaude | Les formes les plus concises des possibilités infinies de mouvements |

Toutes les autres lignes droites ne sont que des déviations plus ou moins importantes de la diagonale. Les différences de leur inclinaison vers le froid ou vers le chaud définissent leurs sonorités intérieures (fig. 16).

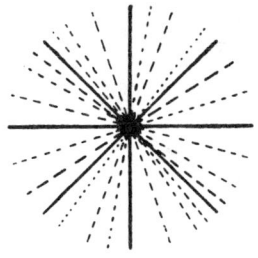

Fig. 16. Schéma des variations de température

Ainsi se produit l'étoile des lignes droites, s'organisant autour d'un noyau commun.

Naissance d'une surface

Cette étoile peut devenir de plus en plus dense, de sorte que les intersections créent un centre plus serré, dans lequel un point se forme et paraît croître. Il est l'axe autour duquel les lignes peuvent tourner et se confondre finalement – une nouvelle forme est née : une surface sous la forme définie du cercle (fig. 17 et 18).

Notons en passant que nous avons affaire ici à l'une des caractéristiques spécifiques de la ligne – son pouvoir de créer des surfaces. Ici ce pouvoir se manifeste comme celui d'une bêche, dont le tranchant, par le mouvement, crée une surface dans le sol. Mais la ligne peut aussi créer

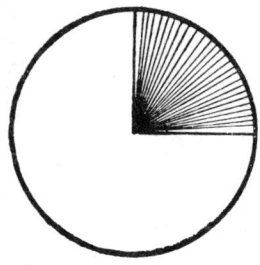

Fig. 17. Densification

Fig. 18. Cercle résultant de la densification

une surface d'une autre façon, nous en parlerons plus loin.

La différence entre les diagonales et les lignes semi-diagonales, que nous pourrions appeler à juste titre des *lignes droites libres*, est aussi une différence de température, car les lignes droites libres n'arrivent jamais à s'équilibrer entre chaud et froid.

En outre les lignes droites libres peuvent se trouver sur un plan donné, soit en possédant un point central commun (fig. 19), soit en dehors d'un point central (fig. 20), ce qui les départage en deux catégories :

4. *les lignes droites libres* (sans équilibre)
   a) avec centre commun,
   b) sans centre commun.

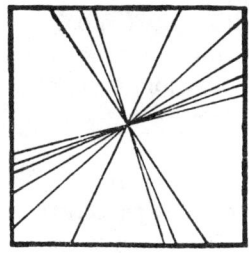

Fig. 19. Lignes droites libres avec centre commun

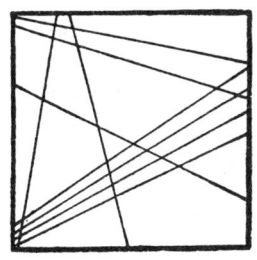

Fig. 20. Lignes droites libres sans centre commun

Couleur : Jaune et Bleu

Les lignes droites sans centre commun sont les premières droites possédant une capacité spécifique – une capacité qui les apparente aux couleurs « vives », et les distingue du Noir et Blanc. *Jaune* et *Bleu* notamment possèdent différentes tensions – d'avancer et de reculer. Les tensions de droites purement schématiques (horizontale, verticale et diagonale, et particulièrement la première et la seconde) agissent *sur* le plan sans la moindre tendance à quitter le plan. Les lignes droites libres, et spécialement celles sans centre commun, sont en rapport plus lâche avec le plan : elles font moins corps avec le plan et paraissent parfois le transpercer. Ces lignes sont tout à fait étrangères au point ancré dans le plan, n'ayant plus rien du calme initial du point.

Sur un plan *délimité*, le rapport lâche n'est possible que si la ligne est librement posée, c'est-à-dire sans toucher les limites extérieures du plan. Nous en reparlerons plus longuement dans le chapitre « Le plan originel ».

En tout cas il existe une certaine parenté entre les tensions des lignes droites sans centre commun et les couleurs vives. Les correspondances naturelles entre les éléments « graphiques » et les éléments « picturaux » que nous percevons aujourd'hui dans une certaine mesure ont une importance capitale pour un futur traité de la composition. Par ce chemin seulement, nous arrivons à des expériences systématiques de composition et le brouillard dans lequel nous devons faire un travail de laboratoire se dissipera et sera moins étouffant.

Noir et Blanc

Si nous examinons les lignes droites schématiques – spécialement la ligne horizontale et verticale – quant à leurs propriétés colorées, la comparaison avec *Noir* et *Blanc* s'impose. Comme ces deux couleurs (que l'on appelait récemment encore des « non-couleurs » et que l'on appelle aujourd'hui maladroitement « couleurs non vives ») sont des couleurs silencieuses, ces deux lignes droites sont aussi des lignes silencieuses. Ici et là la sonorité est réduite au minimum : silence, ou plutôt chuchotement à peine perceptible et calme. Noir et Blanc se trouvent en dehors du cercle spectral*, et l'horizontale et la verticale aussi ont leur place à part parmi les lignes, car dans leur position centrale elles sont uniques, et de ce fait isolées.

Si nous considérons la température du Noir et du Blanc, c'est plutôt le Blanc qui paraît chaud et le Noir absolu est intérieurement froid. Ce n'est pas par hasard que l'échelle chromatique horizontale va du Blanc au Noir (fig. 21) :

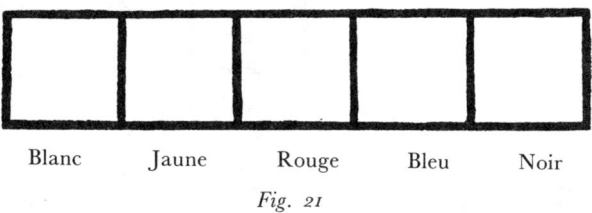

Blanc   Jaune   Rouge   Bleu   Noir

Fig. 21

Une descente lente et naturelle du haut vers le bas (fig. 22).

Ainsi nous devons noter dans le Blanc et le Noir les éléments d'altitude et de profondeur, ce qui permet une comparaison avec la ligne verticale et la ligne horizontale.

« Aujourd'hui » l'homme est dominé par le monde extérieur, et l'intérieur est mort pour lui.

---

* Voir *Du Spirituel dans l'art*, où j'appelle Noir le symbole de la mort, Blanc celui de la naissance. A juste titre on peut dire la même chose de l'horizontale et de la verticale – plane et dressée. La première correspond à la position couchée, la seconde à la position debout, à la marche, au mouvement et finalement à l'ascension. Porter – Croître. Passif – Actif. Relativement : Féminin – Masculin.

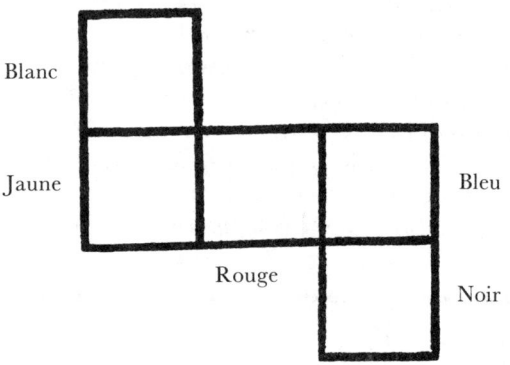

Fig. 22. Représentation graphique de la descente

Ceci est la dernière marche vers le bas, le dernier pas dans l'impasse – naguère on parlait d'« abîme », l'expression d'« impasse » suffit aujourd'hui. L'homme « moderne » cherche le calme intérieur parce qu'il est étourdi par l'extérieur et il croit trouver ce calme dans le silence intérieur, d'où résulte une tendance exclusive à l'Horizontal-Vertical. Une conséquence logique serait la tendance exclusive au Noir et Blanc, et plusieurs fois déjà la peinture s'est élancée dans cette direction. Mais l'union exclusive de l'Horizontal-Vertical avec le Noir et Blanc n'a pas encore été réalisée. Alors tout baignerait dans un silence intérieur et seulement les bruits extérieurs ébranleraient le monde*.

* Il faut s'attendre à une réaction violente contre cette position d'exclusive, mais non pas sous la forme d'une évasion vers le passé, comme c'est parfois le cas actuelle-

Ces parentés, que nous ne devons pas prendre pour des valeurs identiques, mais pour des parallèles intérieures, nous amènent à l'équation suivante :

Forme graphique	*Forme picturale*
Lignes droites	*Couleurs primaires*
1. Horizontale	Noir
2. Verticale	Blanc
3. Diagonale	Rouge (ou Gris ou Vert)*
4. Ligne droite libre	Jaune et Bleu

La parallèle : Diagonale – Rouge tient lieu ici d'une assertion, les preuves détaillées dépasseraient le sujet de ce livre. Nous ne pouvons que dire brièvement : le Rouge** se distingue du Jaune et du Bleu par sa propriété d'être solide-

---

ment. On a vu à plusieurs reprises dans les décennies passées cette fuite vers le passé : le « classicisme » grec, le Quattrocento italien, la Rome de la Renaissance, l'art « primitif » (y compris l'art des « sauvages »). En Allemagne en ce moment les « Vieux Maîtres » allemands, les Icônes en Russie, etc. En France, un retour modéré d' « aujourd'hui » vers « hier » – en contraste avec celui des Allemands ou Russes, qui cherchent dans les profondeurs métaphysiques. On dirait que l'avenir semble creux à l'homme « moderne ».

* Rouge, Gris et Vert peuvent être comparés sous différents rapports : Rouge et Vert – passage du Jaune au Bleu, Gris – passage du Noir au Blanc, etc. Ceci ferait partie d'un traité des couleurs. Voir à ce sujet *Du Spirituel dans l'art*.

** Voir *Du Spirituel dans l'art*, [Paris, Gallimard/Folio 1989, p. 157 sq.]

ment lié au plan; par son bouillonnement intérieur et par sa tension innée, il se distingue du Noir et du Blanc. La Diagonale se distingue des lignes droites libres par sa liaison solide avec le plan, et par sa plus grande tension intérieure elle se distingue des lignes horizontales et verticales[14].

Sonorité première

Nous avons défini plus haut le point au centre du plan carré comme un accord du point avec le plan, et défini cette entité : l'image première de l'expression picturale. Une Horizontale et une Verticale avec un centre commun sur un plan carré créent une complexité nouvelle. Ces deux lignes droites sont, comme nous l'avons dit déjà, des êtres isolés, car ils ne souffrent aucune répétition. Aussi elles développent une forte sonorité qui ne peut jamais être totalement assourdie, et elles constituent *la sonorité première des lignes droites*. Cette construction (*Konstruktion*) est donc *l'image première de l'expression linéaire* ou de la composition (*Komposition*) linéaire (fig. 23).

Elle consiste en un carré partagé en quatre carrés, forme la plus simple de la division d'un plan schématique[15].

La somme des tensions se compose de 6 éléments de calme froid et de 6 éléments de calme chaud = 12. Le passage de l'image schématique du point à l'image schématique de la ligne est obtenu par un accroissement surprenant des

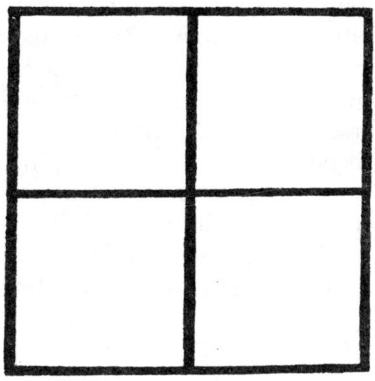

Fig. 23

moyens : de la sonorité unique nous faisons le bond vers 12 sonorités. Ces 12 sonorités se composent de 4 sonorités du plan + 2 sonorités de la ligne = 6. La juxtaposition a doublé ces 6 sonorités.

Cet exemple, qui fait partie, en somme, d'un traité de composition[16], a été cité ici avec l'intention d'indiquer l'action réciproque des éléments simples en assemblages élémentaires. L'expression « élémentaire » dévoile – comme un concept imprécis et élastique – la « relativité » de son contenu. Ce qui veut dire qu'il n'est pas facile de délimiter la complexité et de se servir exclusivement de l'Élémentaire. Néanmoins, ces expériences et ces observations sont l'unique moyen d'explorer les éléments picturaux disponibles pour les buts de la composition. C'est la méthode dont se sert la science expérimentale. Malgré une partialité exagérée, elle crée d'abord un ordre extérieur, qui lui permet, aujourd'hui encore, de pénétrer jusqu'aux éléments premiers à l'aide d'une analyse aiguë. De cette façon elle a mis à la disposition de la philosophie une riche documentation bien ordonnée, qui, tôt ou tard, mènera vers des résultats de synthèse. La science de l'art doit prendre le même chemin, mais elle doit unir dès le départ l'extérieur et l'intérieur.

Le lyrisme et le drame

Dans la transition imperceptible de la ligne horizontale vers les lignes sans centre commun, le lyrisme froid se transforme en lyrisme de plus en plus chaud, au point d'avoir finalement une expression dramatique. Néanmoins, le lyrisme reste prédominant – tout le domaine de la ligne droite est lyrique, ce qui s'explique par l'effet d'une force extérieure unique. Le drame porte en lui non seulement la sonorité du décalage (dans nos exemples le non-centré), mais aussi la sonorité du choc, ce qui présuppose au moins deux forces en présence.

L'action des deux forces agissant sur les lignes peut se manifester de deux façons :
1. les deux forces sont alternées : effet alternatif,
2. les deux forces agissent ensemble : effet simultané.

Il est évident que le second événement est le plus vif (*Temperamentvoller*), donc le plus

« chaud », surtout que cet événement peut être considéré comme le résultat de nombreuses forces qui se relaient.

En conséquence le côté dramatique s'accentue jusqu'à l'apparition de lignes purement dramatiques.

Ainsi le monde des lignes inclut toutes les sonorités expressives, du lyrisme froid au drame brûlant.

Transposition linéaire

Il va de soi que tout phénomène du monde extérieur ou du monde intérieur peut trouver son expression linéaire – une sorte de transposition*.

Les résultats correspondant aux deux cas sont :

	Forces :	*Résultats :*
Point	1. deux forces alternantes,	lignes brisées,
	2. deux forces simultanées.	Lignes courbes.

---

* En plus des transpositions intuitives, des expériences méthodiques de laboratoire seraient nécessaires dans cet ordre d'idées. Il serait opportun d'analyser d'abord les phénomènes en question quant à leur contenu lyrique ou dramatique, pour trouver ensuite les formes linéaires qui correspondent à chaque cas. D'ailleurs une analyse des « œuvres de transposition » existantes éclairerait bien ce problème. Dans la musique de telles transpositions sont nombreuses : « Images » musicales d'après les phénomènes de la nature, interprétation musicale d'œuvres d'une autre expression artistique, etc. Le compositeur russe A.A. Schenschine[17] a fait des expériences très précieuses dans cette direction – les « Années de pèlerinage » de Liszt, qui se réfèrent au « Pensieroso » de Michel-Ange et au « Sposalizio » de Raphaël.

I B

Lignes brisées

Lignes brisées ou lignes angulaires.

Puisque les lignes brisées se composent de lignes droites, nous les classons dans la catégorie I sous B.

La ligne brisée se produit sous la pression de deux forces de la façon suivante (fig. 24) :

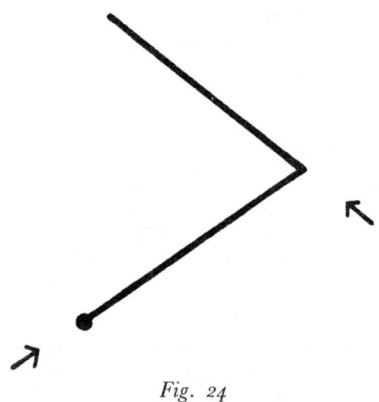

Fig. 24

I.B. 1

Angle

Les exemples *les plus simples* de lignes brisées se composent de deux parties et sont le résultat de deux forces, dont l'action a cessé après une poussée unique. Cet événement simple démontre la différence importante entre lignes droites et lignes brisées : la ligne brisée établit une liaison bien plus étroite avec le plan, elle porte

en elle déjà la promesse du plan. Le plan est en formation et c'est la ligne brisée qui constitue le pont. Les différences entre les innombrables lignes brisées dépendent exclusivement de leurs angles et nous pouvons classer ces lignes en trois catégories schématiques :
a) à angle aigu –   45°
b) à angle droit –   90°
c) à angle obtus – 135°

Les autres sont des angles aigus ou obtus moins caractéristiques et ne se différencient des angles types que par le nombre de degrés. Ainsi nous pouvons ajouter aux trois précédentes une quatrième catégorie – une ligne brisée non schématique :
d) à angle libre,
 nous appellerons celle-ci la ligne brisée libre.

L'angle droit est unique de sa dimension et seule sa direction change. Les angles droits ne peuvent se toucher que par quatre – ou bien ils se touchent par les pointes et forment une croix, ou bien par la jonction de leurs côtés se forment des plans rectangulaires – dans le cas le plus symétrique le carré.

La croix horizontale-verticale se compose d'une ligne chaude et d'une ligne froide – elle n'est que la position centrale des lignes horizontales et verticales. D'où résulte la température froide-chaude ou chaude-froide de l'angle droit – selon sa direction. Nous en reparlerons dans le chapitre « Le plan originel ».

Longueurs
   Une autre dissemblance des lignes brisées simples est définie par les longueurs différentes des segments — facteur qui modifie profondément la résonance de base de ces formes.

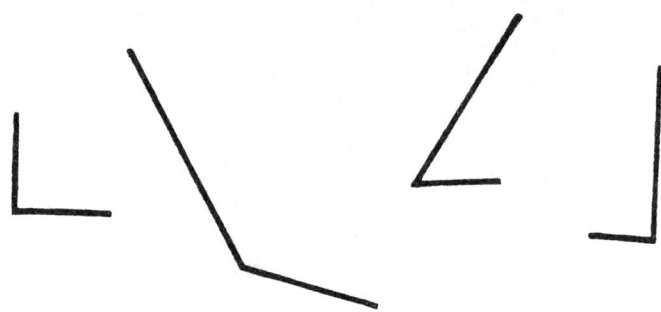

Fig. 25. Quelques lignes brisées

Résonance absolue
   La résonance absolue des formes données dépend de trois conditions et varie selon :
   1. la résonance des lignes droites par leurs variations mentionnées (fig. 25),
   2. la résonance de l'inclinaison par rapport aux tensions plus ou moins aiguës (fig. 26),
   3. la résonance d'une tendance vers une conquête plus ou moins complète du plan (fig. 27).

Résonance-triple (*Dreiklang*)
   Ces trois résonances peuvent créer une résonance-triple pure. Mais nous pouvons les employer aussi séparément ou par paires, ce qui dépend de la composition générale : jamais les trois résonances ne peuvent être totalement éliminées,

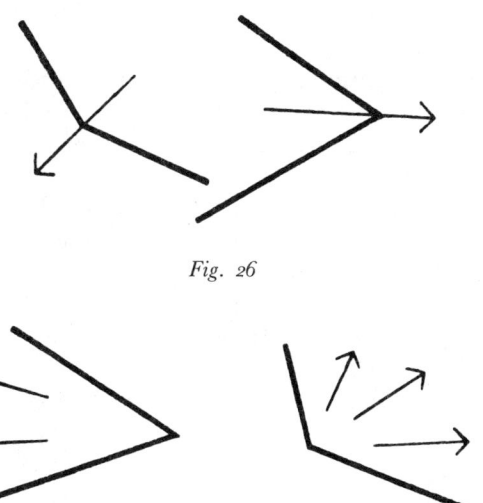

Fig. 26

Fig. 27

mais l'une ou l'autre peut prédominer de sorte que les autres deviennent presque inaudibles.

Le plus objectif des trois types d'angles est le droit qui, en conséquence, est aussi le plus froid. Il partage le plan carré en quatre parties, sans aucun reste.

Le plus riche en tensions est l'angle aigu – donc aussi le plus chaud. Il partage le plan carré en huit parties sans aucun reste.

Le passage au-delà de l'angle droit conduit à la diminution de la tension et la tendance vers la conquête du plan augmente en proportion. Cette avidité est freinée par le fait que l'angle obtus est incapable de partager le plan entier, il s'y inscrit deux fois, laissant 90° inoccupés.

Trois résonances

Ainsi correspondent les trois résonances différentes de ces trois formes :
1. le froid et dominé,
2. l'acéré et suractif, et
3. le lourd [maladroit], faible et passif.

Ces trois résonances, donc aussi ces trois angles, donnent une belle traduction graphique de la création artistique :
1. Les caractères acéré et suractif de la conception intérieure (vision),
2. le caractère froid et dominé de l'exécution magistrale (mise en œuvre),
3. le sentiment d'insatisfaction et la sensation de sa propre faiblesse une fois le travail accompli (appelé " cafard " [*Kater*] par les artistes).

Lignes brisées et couleurs

Plus haut nous avons parlé de quatre angles droits formant un carré. Les relations avec les éléments picturaux ne peuvent être examinées ici que brièvement, mais l'analogie des lignes brisées et des couleurs doit être mentionnée. Le froid-chaud du carré et sa nature franchement plane tendent aussitôt vers le *Rouge*, qui est intermédiaire entre Jaune et Bleu et porte en lui les caractéristiques du froid-chaud*. Ce n'est pas un hasard si nous rencontrons si souvent le

---

* Voir *Du Spirituel dans l'art*, *op. cit.* p. 157 sq. avec le tableau II, p. 152, et le tableau V des « Éléments fondamentaux » dans le *Livre du Bauhaus*, éditions du Bauhaus, 1923. (*cf.* ci-après, planche hors-texte n° 4.)

carré rouge ces temps derniers. C'est ainsi que le parallèle *angle droit* et couleur *rouge* est justifié.

Parmi les lignes brisées d), il faut souligner spécialement l'angle qui se trouve entre l'angle droit et l'angle aigu – celui de 60° (angle droit – 30°, angle aigu + 15°). Si nous rapprochons deux de ces angles de sorte qu'ils forment un triangle à côtés égaux – 3 angles pointus et actifs –, ils tendent vers le Jaune. Ainsi l'*angle aigu* est intérieurement de couleur *jaune**.

L'angle obtus perdant de plus en plus sa force agressive-perçante et sa chaleur s'apparente de ce fait vaguement à la ligne sans angles, laquelle forme, comme nous allons le montrer plus loin, la troisième forme schématique première : le cercle. Le côté passif de l'*angle obtus*, la tension presque absente vers sa pointe, donnent à cet angle sa couleur *bleue*.

Nous pouvons maintenant indiquer d'autres relations – plus l'angle est aigu, plus il se rapproche de la chaleur aiguë, et, inversement, après l'angle droit, rouge, la chaleur diminue progressivement, tendant de plus en plus vers le froid jusqu'à l'obtention de l'angle obtus (150°), angle typiquement bleu, faisant pressentir la ligne courbe et tendant, dans son développement, vers le but final : le cercle.

Ce processus peut trouver son expression graphique comme suit :

---

* *Du Spirituel dans l'art, op. cit.*

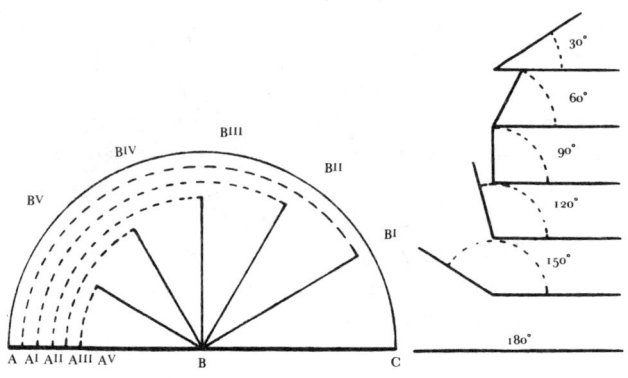

Fig. 28. Système des angles types ⇄ couleurs   Fig. 29.
Mesures d'angles

Il en résulte :

A^V	BB^V	...	Jaune
A^{IV}	BB^{IV}	...	Orange
A^{III}	BB^{III}	...	Rouge
A^{II}	BB^{II}	...	Violet
A^I	BB^I	...	Bleu

- Jaune, Orange — Angle aigu
- Rouge — Angle droit
- Violet, Bleu — Angle obtus

Le bond suivant de 30° est la transformation de la ligne brisée en ligne droite :

    A B C...   Noir.   Horizontale.

Puisque les angles types, dans leur développement ultérieur, peuvent créer des plans, les relations entre lignes – plans – couleurs s'imposent. Nous pouvons donc présumer l'indication *schématique des relations ligne – forme – couleur* comme suit :

Plan et couleur

Lignes brisées. Formes primaires : Couleurs primaires :

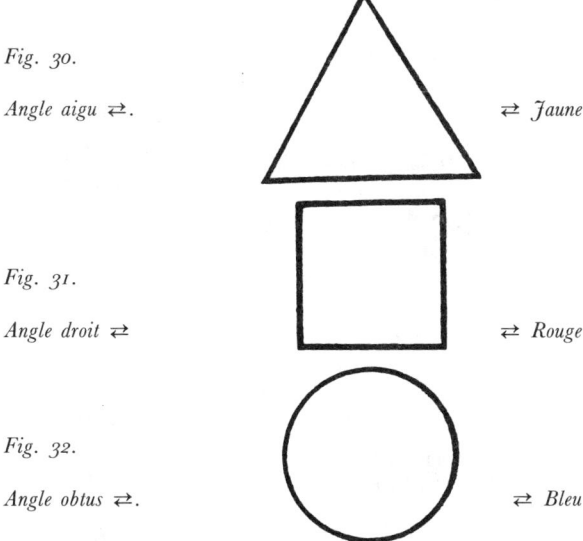

Fig. 30.

Angle aigu ⇄.   ⇄ *Jaune*

Fig. 31.

Angle droit ⇄   ⇄ *Rouge*

Fig. 32.

Angle obtus ⇄.   ⇄ *Bleu*

Si ces analogies, ainsi que les précédentes, sont exactes, il nous est permis de tirer de la comparaison des deux la conclusion suivante : les sonorités et les caractéristiques des composantes donnent, en certains cas, un total de caractéristiques qui ne recouvre pas les caractéristiques premières. Des faits analogues ne sont pas inconnus dans les autres sciences, par exemple dans la chimie : la somme divisée en ses composantes ne s'obtient pas, en certains cas, par l'addition des composantes*. Peut-être nous trouvons-nous dans ce cas en face d'une loi inconnue, dont l'aspect vague nous déconcerte.

C'est-à-dire :

Ligne et couleur

Ligne	*Couleur*		*Rapport à la température et à la lumière*
Horizontale	Noir	=	Bleu
Verticale	Blanc	=	Jaune
Diagonale	Gris/Vert	=	Rouge

Plan et composantes

Plan	*Composantes*		*La somme crée la troisième donnée primaire* [18]
Triangle	Horizontale Noir = *Bleu*	Diagonale Rouge	Jaune
Carré	Horizontale Noir = *Bleu*	Verticale Blanc = *Jaune*	Rouge
	Tensions (comme composantes)		
Cercle	actives = *Jaune* passives = *Rouge* [19]		Bleu

---

* En chimie, on ne se sert pas d'un signe d'égalité pour les analogies, mais d'un ⇄ qui indique les rapports. Mon but est de démontrer les rapports « organiques » des éléments de la peinture. Même dans l'impossibilité de démontrer, c'est-à-dire de prouver intégralement des identités, je tiens à indiquer les rapports intérieurs par les deux flèches d'indication : ⇄ Ne craignons pas l'erreur possible : la vérité se révèle souvent à travers les errements.

Ainsi la somme figurerait le chaînon qui manque pour l'équilibre des composantes. De cette façon les composantes résulteraient de la somme – les lignes des plans – et inversement. La pratique artistique soutient cette prétendue maxime, de sorte qu'une peinture en noir et blanc, composée de lignes et de points, arrive à un équilibre plus évident, par l'intégration d'une surface (ou bien des surfaces) : un poids léger exige un contrepoids lourd. Nous observons cette nécessité plus fortement encore dans la peinture polychrome, fait connu de tout peintre.

Méthode

Avec de telles réflexions notre but se situe au-delà de la tentative d'établir des règles plus ou moins précises. Il nous paraît tout aussi important de provoquer la discussion concernant les méthodes théoriques. Les méthodes de l'analyse de l'art ont toujours été bien trop arbitraires et souvent trop subjectives. Les temps à venir nous dirigent vers une démarche plus précise et plus objective qui rendra possible un travail collectif dans le domaine de l'esthétique expérimentale. Les tendances et les capacités étant, ici comme partout ailleurs, de nature différente, chacun travaillant selon ses possibilités, une direction de recherche adoptée par plusieurs n'en prend que plus d'importance.

Instituts d'Art internationaux

Par-ci, par-là surgit l'idée d'Instituts d'Art travaillant méthodiquement – idée qui se réalisera probablement bientôt dans divers pays. Nous pouvons affirmer, sans exagération aucune, qu'une science de l'art de quelque ampleur soit-elle, doit être internationale : c'est intéressant mais sûrement pas suffisant d'établir une théorie de l'art exclusivement européenne. Ce ne sont pas les conditions géographiques ou autres circonstances extérieures qui importent (ou en tout cas pas exclusivement), mais les différences qui existent dans la substance intérieure des « nations », précisément dans les domaines de l'art. Citons comme exemple notre deuil noir opposé au deuil blanc des Chinois*. Il ne peut y avoir contraste plus grand

---

* Les différences exigeant un examen approfondi, et cela aussi bien concernant la race que la « nation », seront sans doute démontrées sans difficulté, si l'analyse est faite avec précision et méthode. En revanche, nous allons rencontrer des obstacles insurmontables en analysant les détails d'une importance souvent inattendue – les influences qui agissent sur ces détails justement au début d'une civilisation mènent parfois aux imitations superficielles et cachent ainsi tout le développement ultérieur. Mais de tels phénomènes extérieurs importent peu au cours d'une recherche méthodique et peuvent être négligés dans ce genre de travail théorique, ce qui ne serait évidemment pas possible d'un point de vue purement « positiviste ». Même dans des cas « simples » un point de vue partial ne peut conduire qu'à des conclusions partiales. Il serait trop simpliste de supposer qu'un peuple se trouve placé « par hasard » dans telle situation géographique déterminant son évolution, comme il serait insuffisant de prétendre que les conditions politiques et économiques créées par ce peuple, dirigent et forment sa force créatrice. Le but d'une force créatrice est tout intérieur – ainsi l'intérieur ne peut-il être expliqué *uniquement* par les données extérieures.

dans la sensibilité aux couleurs – nous parlons de « Blanc » et « Noir » aussi couramment que de « jour » et « nuit ». Toutefois nous pouvons découvrir ici la parenté profonde, donc immédiatement perceptible, des deux couleurs – les deux signifient silence, et la différence profonde entre Chinois et Européens se révèle de façon éclatante par cet exemple. Les chrétiens, après des siècles de christianisme, ressentent la mort comme un silence définitif, que je définirai comme un « trou sans fond », tandis que les Chinois non chrétiens considèrent le silence comme la première étape vers un langage nouveau que je désignerai du nom de « naissance »*.

Les caractéristiques « nationales » présentent un « problème » que l'on sous-estime aujourd'hui, ou que l'on traite d'un point de vue superficiel ou uniquement économique, ce qui souligne les côtés négatifs et cache totalement les différences fondamentales. Et pourtant ce sont ces différences tout intérieures qui sont essentielles. Vue sous cet angle, la somme des nations créerait une harmonie et non une dissonance [20]. Il se pourrait qu'en cette situation apparemment sans espoir, ce soit encore l'art – cette fois par une démarche scientifique – qui crée inconsciemment ou arbitrairement une harmonie. La réalisation de l'idée d'Instituts d'Art internationaux pourrait constituer un premier pas.

* Voir *Du Spirituel dans l'art, op. cit.*, p. 154-155 sq.

I.B. 2
Lignes brisées compliquées

Les formes les plus simples des lignes brisées peuvent être compliquées par l'adjonction de quelques autres lignes aux deux lignes originaires. Alors le point subit non pas deux, mais plusieurs poussées, que nous considérons pour simplifier comme provenant de deux forces alternantes. Le prototype de ces lignes brisées se compose de tronçons de longueurs identiques et à angle droit. Ensuite les variantes innombrables des lignes à angles multiples peuvent se modifier en deux directions :
1. par la combinaison des angles aigus, droits, obtus ou libres, et
2. par les longueurs différentes des tronçons.

Une ligne à angles multiples peut donc se composer des parties les plus diverses – des plus simples aux plus compliquées.

Somme d'angles obtus à tronçons identiques,
> » » » à tronçons inégaux,
> » » » alternant avec angles aigus à tronçons, identiques ou inégaux,
> » » » alternant avec angles droits et angles aigus, etc. (Fig. 33.)

Ces lignes peuvent être appelées lignes en zigzag et forment, à tronçons égaux, une ligne droite mobile. A angle aigu, elles indiquent la hauteur, donc la verticale; à angle obtus, elles

Fig. 33. Ligne libre à angles multiples

tendent vers la ligne horizontale, mais conservent sous toutes leurs formes la mobilité illimitée de la ligne droite.

<small>Lignes courbes</small>

Si, en formant l'angle obtus, une force augmente en agrandissant l'angle, celui-ci tend vers le plan et tout particulièrement vers le cercle. La parenté entre la ligne à angle obtus, la ligne courbe et le cercle n'est pas de nature extérieure seulement, mais tout intérieure : la passivité de l'angle obtus, son attitude neutre envers son entourage l'amènent vers une plus grande intériorisation qui aboutit à l'absorption profonde du cercle.

II.1

Si deux forces exercent leur action sur le point simultanément, de sorte que l'une est continue et prépondérante, il se produit une ligne courbe, dont le prototype est

1. *la courbe simple.*

En somme c'est une ligne droite, déviée de son chemin par une pression latérale continue – plus cette pression est grande, et plus la déviation de la droite s'accentue; la tension vers l'extérieur augmente de plus en plus et la ligne tend finalement à se refermer sur elle-même.

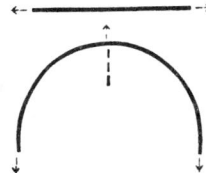

Fig. 34. Tensions de la ligne droite et de la ligne courbe

La différence intérieure entre les lignes courbes et droites consiste dans le nombre et la nature des tensions : la ligne droite subit deux tensions primitives définies qui ne jouent qu'un rôle insignifiant pour la ligne courbe – dont la tension essentielle se situe dans l'arc. (Troisième tension, qui est opposée aux deux autres et qui les domine, fig. 34.) Tout en perdant la force perçante de l'angle, elle gagne en force, laquelle, si elle est moins agressive, contient une plus grande durée. L'angle nous paraît jeune et irréfléchi, l'arc en revanche possède une maturité et une force consciente d'elle-même.

Contraste des lignes

Cette maturité et l'harmonie souple de la ligne courbe nous amènent à définir avec certitude la ligne courbe, et non pas la ligne brisée, comme l'antithèse de la ligne droite : la genèse de la ligne courbe et le caractère qui en découle, c'est-à-dire l'absence totale de toute droite, nous forcent à cette assertion : *la ligne droite* et *la ligne courbe* forment la paire de lignes *originellement opposées* (fig. 35).

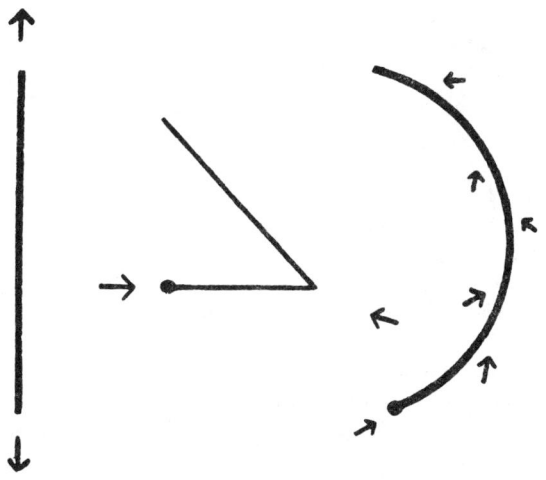

Fig. 35.

Nous devons donc considérer la ligne brisée comme une transition : naissance – jeunesse – maturité.

Plan

Autant la ligne droite est une négation totale du plan, autant la ligne courbe porte en elle *la substance du plan*. Si le point est poussé par deux forces dans des conditions inchangées, la ligne courbe qui en résulte retrouvera tôt ou tard son point de départ. Commencement et fin se rejoignent et disparaissent immédiatement sans trace. Il en résulte le plan le plus éphémère et le plus solide en même temps : le cercle* (fig. 36).

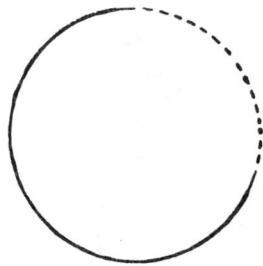

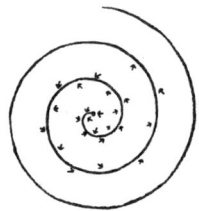

Fig. 36. Cercle en formation   *Fig. 37. Spirale en formation*

Contraste par rapport au plan

La ligne droite, parmi d'autres caractéristiques, porte en elle – quoique bien cachée – la

* Une déviation régulière du cercle produit la spirale (fig. 37). La force qui agit de l'intérieur dépasse de façon continue la force extérieure. La spirale est donc un cercle dévié de façon régulière. Mais, dans la peinture, soulignons une différence essentielle : si le cercle est un plan, la spirale n'est qu'une ligne. La géométrie ne distingue pas cette velléité de produire un plan : de se transformer en un être plus solide, fermé sur lui-même. Cela lui est possible, mais contrairement à la ligne courbe qui peut créer un plan à l'aide de deux forces, la ligne droite a besoin de trois poussées. Créant ce nouveau plan, commencement et fin ne disparaîtront pas sans trace, mais se dessinent en trois endroits. Absence totale de lignes droites et d'angles d'un côté, trois lignes droites et trois angles de l'autre sont les indices des deux plans primordiaux les plus opposés. Ces deux plans se trouvent donc face à face comme *la paire de surfaces originellement opposées.*

 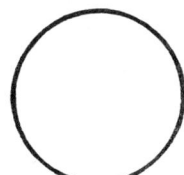

Fig. 38. Paire de surfaces originellement opposées

différence, qui est trop importante pour la peinture – elle définit aussi bien le cercle que l'ellipse, la lemniscate et d'autres formes planes comme lignes courbes. En revanche, la désignation de « ligne courbe » ne concorde pas avec la terminologie géométrique plus précise, qui, sur la base de formules, doit opérer des classifications (paraboles, hyperboles) qui n'entrent pas en ligne de compte pour la peinture[21].

3 paires élémentaires

Logiquement nous arrivons ici à la confirmation de certaines relations de trois éléments picturaux, qui pratiquement se confondent, mais restent distincts en théorie : Ligne – Plan – Couleur.

Ligne droite	Triangle	Jaune
Ligne courbe	Cercle	Bleu
1re paire	*2e paire*	*3e paire*

Trois paires élémentaires originellement opposées.

Les autres arts

Cette conformité aux lois abstraite, qui trouve son application constante plus ou moins consciente dans l'art de la peinture, doit être comparée à la conformité aux lois de la nature. Cette conformité aux lois dans les deux cas – art et nature – apporte à l'homme une satisfaction intérieure profonde. Cette même conformité aux lois abstraite est certainement le propre des autres arts aussi. Dans la sculpture et l'architecture* ce sont les éléments des volumes, dans la musique les éléments des sons, dans la danse les éléments des mouvements et dans la poésie les éléments verbaux** qui exigent une définition analogue et une telle synthèse élémentaire,

---

* L'identité des éléments de base de la sculpture et de l'architecture explique en partie que la sculpture soit éliminée par l'architecture.

** Ces définitions des éléments originaux des différents arts doivent être considérées comme provisoires, mais les définitions habituelles sont également vagues.

sous le rapport de leurs caractéristiques extérieures et intérieures, que nous appellerons leurs résonances.

Les équations établies dans le sens que nous proposons doivent être examinées ultérieurement, et il est bien possible que de ces équations séparées résultera *une* équation de synthèse.

L'affirmation fondée sur le sentiment, qui est certainement enracinée dans les expériences intuitives, pousse aux premiers pas sur ce chemin séduisant. Mais une attitude purement affective pourrait nous mener vers des déviations que nous n'éviterons qu'à l'aide d'un travail précis et analytique. Une méthode appropriée* nous éviterait de faire fausse route.

Dictionnaire

Les progrès obtenus par un travail méthodique mèneront vers l'établissement d'un dictionnaire des éléments et conduiront, dans un développement ultérieur, à une syntaxe et finalement à un traité de la composition dépassant les limites des arts distincts et valable pour l'« art » en général**.

Un dictionnaire ne pétrifie pas une langue vivante, qui subit continuellement des changements : des mots disparaissent et meurent, d'autres mots naissent ou sont importés de l'« étranger », franchissant les frontières.

---

* Cela démontre la nécessité de l'emploi simultané de l'intuition et du raisonnement.

** Voir des indications précises dans *Du Spirituel*..., et dans mon article « Sur la composition scénique » (1912).

Mais, chose curieuse, le préjugé selon lequel une syntaxe deviendrait fatale pour l'art reste très vivace aujourd'hui encore.

<small>Plans</small>

Plus il y aura de forces agissant sur le point, plus leurs directions seront différenciées, et plus les composantes d'une ligne brisée varieront par leur longueur plus les plans seront compliqués. Les variantes sont inépuisables (fig. 39).

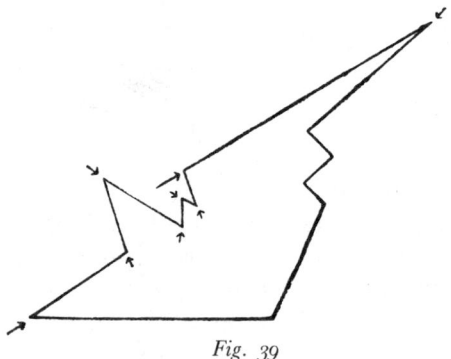

Fig. 39

Nous en parlons pour bien définir toute la différence entre lignes brisées et lignes courbes.

Les plans résultant des lignes courbes, et qui présentent autant de possibilités de variantes, ne perdent jamais une parenté – fût-elle vague – avec le cercle, car ils portent en eux les tensions du cercle (fig. 40).

Nous devons mentionner encore quelques possibilités de variation de la ligne courbe.

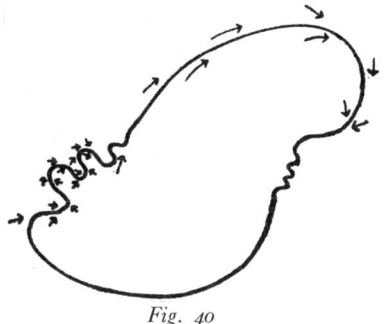

Fig. 40

II. 2

Ligne ondulée

Une courbe compliquée ou *ondulée* peut se composer :
1. de segments de cercle, ou
2. de courbes libres, ou
3. de différentes combinaisons des deux précédentes.

Ces trois espèces définissent toutes les formes de lignes courbes. Cette règle sera confirmée par quelques exemples.

Ligne courbe – ondulée-géométrique :

Rayon identique – alternance régulière des poussées positives et négatives. Parcours horizontal avec tensions et relâchements alternants (fig. 41).

Fig. 41

Ligne courbe – librement ondulée :
Déformation de la ligne ondulée précédente, maintenant le parcours horizontal :
1. l'aspect géométrique disparaît,
2. les poussées positive et négative sont en alternance irrégulière, la première est prédominante (fig. 42).

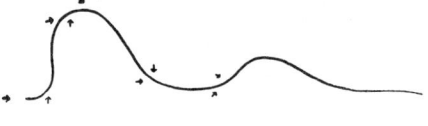

Fig. 42

Ligne courbe – librement ondulée :
Déformation accentuée. Lutte passionnée des deux forces. La force positive agit fortement vers la hauteur (fig. 43).

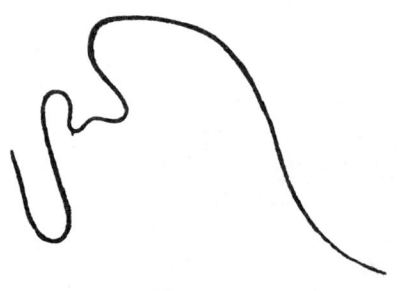

Fig. 43

Ligne courbe – librement ondulée :
Variation de la précédente :

1. le point culminant dirigé vers la gauche – fuyant l'attaque énergique de la poussée négative,
2. accent sur la hauteur par l'épaississement de la ligne – emphase (fig. 44).

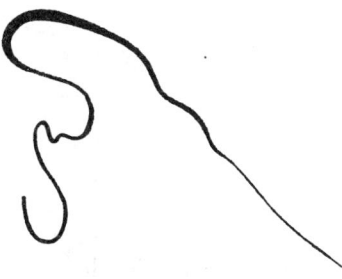

Fig. 44

Ligne courbe – librement ondulée :
Après une première montée vers la gauche, tension immédiate, généreuse et décidée, vers le haut et la droite. Relâchement circulaire vers la gauche. Quatre ondes sont énergiquement subordonnées à la direction de gauche en bas, vers la droite en haut* (fig. 45).

* Nous parlerons de la sonorité « droite », « gauche » et de leurs tensions dans le chapitre « Le Plan Originel ». Les effets de droite et gauche peuvent se contrôler en regardant les images du livre dans la glace, haut et bas en retournant le livre. L'image « dans le miroir » et l'image « sur la tête » sont des phénomènes assez mystérieux, d'une importance capitale pour un traité de composition[22].

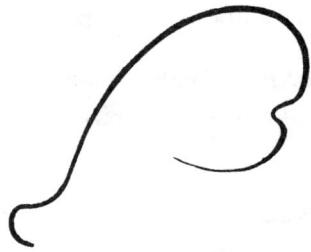

Fig. 45

Ligne courbe – ondulée-géométrique :
Opposée à la ligne ondulée-géométrique (fig. 41), une montée pure avec des déviations minimes vers la gauche et vers la droite. L'affaiblissement soudain des vagues mène vers une tension accrue de la verticale. Rayon des vagues du bas vers le haut : 4, 4, 4, 2, 1 (fig. 46).

Fig. 46

Dans les exemples que nous avons montrés, deux sortes de données produisent les effets suivants :

Effets

1. la combinaison des poussées actives et passives,
2. la participation des résonances de la direction.

À ces deux facteurs de résonance peut s'ajouter encore

3. l'épaississement de la ligne même.

Épaississement

Cet épaississement de la ligne consiste en une croissance ou décroissance progressive ou spontanée de l'épaisseur. Un exemple simple rend superflue toute explication détaillée (voir fig. 47, 48, 49).

Fig. 47. *Ligne courbe géométrique montante*

Fig. 48. *La même ligne avec décroissance continue de l'épaisseur, produisant une tension accrue de la montée*

Fig. 49. Épaississements spontanés d'une ligne courbe libre

Ligne et surface

Les épaississements d'une ligne, notamment ceux d'une courte ligne droite, nous rappellent le problème de la croissance du point : là aussi la question se pose : « À quel moment disparaît la ligne comme telle, à quel moment prend naissance la surface? » sans trouver ici de réponse précise. Comment répondre à la question : « Où cesse le fleuve, où commence la mer? »

Les limites sont imprécises et fluides. Tout dépend ici des proportions, comme c'était le cas pour le point – la résonance de l'absolu devient, sous l'influence d'une relativité, imprécise et atténuée. Dans la pratique l'approche des limites s'exprime avec plus de précision que dans la théorie*. Cette approche des limites est une

* Quelques illustrations en pleine page dans ce livre constituent des exemples explicites (voir Appendice).

possibilité expressive considérable, un moyen puissant (un élément finalement) dans la conception de la composition.

Ce moyen d'expression crée une certaine vibration des éléments dans le cas d'une sécheresse flagrante des éléments principaux d'une composition. Il apporte un assouplissement de l'atmosphère rigide de l'ensemble, mais, employé exagérément, il mène à une préciosité presque rebutante. En tout cas nous ne disposons encore sur ce point que de bases purement intuitives.

Une distinction universellement acceptée entre ligne et surface est momentanément impossible – fait qui correspond peut-être à l'état peu avancé de la peinture, à son caractère embryonnaire, à moins qu'il ne soit déterminé par la nature même de cet art*.

Limites extérieures

Un facteur de résonance spécifique de la ligne consiste

4. dans les bordures extérieures de la ligne, produites en partie par l'épaississement dont nous venons de parler. Dans ces cas nous pouvons considérer les deux bordures de la ligne comme deux lignes autonomes, mais

---

* L'usage de l'approche des limites dépasse naturellement de loin le problème Ligne-Plan et inclut tous les éléments de la peinture et leur emploi; la couleur, par exemple, possède cette faculté de façon accrue et dispose ainsi d'innombrables possibilités. Le plan originel dispose aussi de ce moyen. La totalité de ces moyens d'expression définit les règles et lois de la composition.

ceci présente un intérêt plus théorique que pratique.

Le problème de l'aspect extérieur de la ligne nous rappelle le même problème concernant le point.

Lisse, dentelé, déchiré, arrondi sont des caractères évoquant certaines sensations tactiles; aussi ne faut-il pas sous-estimer dans la pratique les frontières de la ligne. Les possibilités des combinaisons transposées en sensations tactiles sont plus variées pour la ligne que pour le point : par exemple, bordures lisses d'une ligne dentelée, bordures dentelées d'une ligne lisse et courbe, bordures déchirées d'une ligne dentelée, bordures déchirées d'une courbe, etc. Toutes ces qualités peuvent s'appliquer aux trois types de lignes – droite, brisée et courbe – et chacune de ces bordures peut être traitée différemment.

III

Lignes combinées (*Kombinierte*)

La troisième et dernière catégorie de lignes est un résultat de la combinaison des deux premières espèces; nous l'appellerons donc la *ligne combinée*. Son caractère spécifique est défini par la nature des tronçons qui la composent :
1. elle est une *combinée géométrique*, si elle est composée exclusivement de tronçons géométriques,
2. elle est une *combinée mixte*, si aux tronçons géométriques s'ajoutent des tronçons libres,
3. elle est une *combinée libre*, si elle est composée uniquement de tronçons libres.

Force

Hormis la différence de caractère, définie par les tensions intérieures, et hormis le processus de formation, l'origine de toute ligne est la même : la force.

Composition

L'action d'une force introduit la vie dans un matériau donné, et cette vie s'exprime en tensions. Les tensions, de leur côté, donnent une expression *intérieure* à l'élément. L'élément est le résultat effectif de l'action d'une force sur le matériau. La ligne est l'exemple le plus évident et le plus simple de cette création qui, chaque fois, se produit de façon précise et logique, et qui exige ainsi un emploi précis et logique. La *composition* n'est donc qu'une *organisation précise et logique* des *forces vives* contenues dans les éléments sous forme de tensions.

Nombre

En somme, toute force peut se traduire en chiffres, ce que nous appellerons *formule numérique*. Pour l'art ce n'est actuellement qu'une assertion théorique, qui, toutefois, n'est pas à négliger : nous manquons aujourd'hui de possibilités de mensuration, mais elles ne sont pas utopiques et seront trouvées tôt ou tard. A partir de ce moment toute composition trouvera sa formule numérique, même si au départ elle ne correspond qu'au « tracé » et aux grandes lignes. La suite est une question de patience qui aboutira à une division des grandes composantes en ensembles numériques de plus en plus petits. On ne pourra réaliser un traité de composition précis, que nous entrevoyons aujourd'hui, que lorsque nous serons en possession de la formulation numérique. Des proportions simples ont trouvé depuis des millénaires leur formule numérique dans l'architecture, dans la musique, partiellement aussi dans la poésie (par exemple : le temple de Salomon), tandis que des proportions plus complexes n'ont pu être exprimées en formules. Il est bien tentant de travailler avec des proportions numériques simples, ce qui correspond, à juste titre, aux tendances actuelles de l'art. Mais cet échelon maîtrisé, il paraîtra tout aussi tentant (sinon plus) de trouver et d'employer une complexité plus grande des proportions numériques[*].

L'intérêt pour la formule numérique prend deux directions – vers la théorie et vers la pratique. Dans la première la conformité aux lois joue un grand rôle (*Gesetzmäßig*), dans la deuxième c'est la conformité au but (*Zweckmäßig*). La règle est ici subordonnée au but et de ce fait l'œuvre atteint la qualité suprême : le naturel.

Lignes groupées

Jusqu'ici nous avons classé les lignes séparément, et nous avons étudié leurs caractéristiques. Les différentes possibilités d'emploi de plusieurs lignes, la nature de leur action réciproque, la soumission d'une ligne isolée aux *groupes de lignes*, est un problème de composition et

[*] Voir *Du Spirituel dans l'art*, *op. cit.*, p. 194-195.

comme tel il dépasse les limites de notre propos actuel. Néanmoins, quelques exemples types sont nécessaires encore pour démontrer la nature de la ligne isolée. Nous montrons ici quelques combinaisons, non pas dans l'intention de donner une image complète, mais uniquement pour indiquer le chemin vers des compositions plus complexes.

Quelques exemples de rythmes simples :

  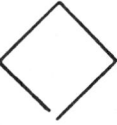 

Fig. 50.   *Fig. 51.*   *Fig. 52.*   *Fig. 53.*

Fig. 50. Répétition d'une ligne droite en alternant le poids (Gewicht)
Fig. 51. Répétition d'une ligne brisée
Fig. 52. Répétition en direction opposée, formation d'un plan
Fig. 53. Répétition d'une ligne courbe

Fig. 54.   *Fig. 55.*   *Fig. 56.*

Fig. 54. Répétition en direction opposée d'une ligne courbe, formation de plusieurs plans
Fig. 55. Répétition d'une ligne droite, rythmée vers un centre
Fig. 56. Répétition d'une ligne courbe, rythmée vers un centre

 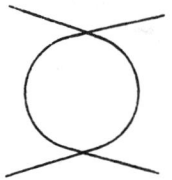

Fig. 57. Répétition d'une ligne courbe, épaissie par une ligne courbe qui l'accompagne
Fig. 58. Répétition d'une ligne courbe en direction opposée

Répétition

Le cas le plus simple est une *répétition* régulière d'une ligne droite à intervalles identiques (fig. 59) – rythme primitif, soit à intervalles croissant régulièrement (fig. 60), soit à intervalles irréguliers (fig. 61).

Le premier exemple montre une répétition dont le but est un *renforcement quantitatif*, comme dans la musique l'emploi de plusieurs violons renforce le son d'un seul.

Dans le deuxième exemple une résonance *qualitative* s'ajoute au renforcement quantitatif, ce qui correspondrait, en musique, à la répétition des mêmes mesures après un intervalle, ou

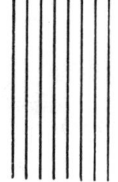  

Fig. 59   *Fig. 60*   *Fig. 61*

1. Kandinsky, *Message intime*, 1925. Musée national d'art moderne, Centre Georges-Pompidou, Paris (cf. tabl. 24 p. 232). Cliché du Musée.

2. Kandinsky, *Triangle noir*, 1925. Musée Boymans-Van Beuningen, Rotterdam (cf. tabl. 23 p. 230). Cliché du Musée.

3. Kandinsky, *Petit rêve en rouge*, 1925. Kunstmuseum, Berne (cf. tabl. 25 p. 234). Cliché Archives Karl Flinker.

4. « Commentaire : Les trois couleurs de base : jaune, rouge, bleu, réparties sur les trois formes de base correspondantes auxquelles elles se superposent, triangle, carré, cercle.
Au-dessous, les formes dans l'espace, tétraèdre, cube et sphère. » Lithographie de Kandinsky pour *Staatliches Bauhaus in Weimar, 1919-1923*. Collection particulière, Paris.

à la répétition en « piano », ce qui modifie la qualité de la phrase musicale*.

Le plus complexe est le troisième exemple, qui montre un rythme plus compliqué.

Des combinaisons bien plus compliquées sont possibles avec les lignes brisées et surtout avec les lignes courbes.

Fig. 62. Combinaison opposée d'une ligne courbe avec une ligne brisée.
Les caractéristiques des deux atteignent une sonorité amplifiée

Dans les deux cas (fig. 63 et 64), nous avons des accroissements quantitatifs et qualitatifs, qui gardent néanmoins quelque chose de doux et de soyeux, par quoi le lyrisme l'emporte sur le drame. Pour le cas contraire cette opposition est insuffisante : l'antagonisme ne pourra pas trouver sa pleine résonance.

Des combinaisons comme celles-ci – en somme autonomes – peuvent évidemment être

* Une répétition par d'autres instruments accordés de façon identique doit être considérée comme une répétition qualitative colorée.

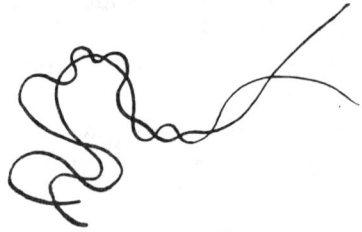

Fig. 63. Des lignes courbes s'accompagnent

subordonnées à d'autres plus grandes, qui ne forment elles-mêmes qu'une partie de la composition totale – en quelque sorte comme notre système solaire ne constitue qu'un point de l'univers cosmique.

Composition

L'harmonie générale d'une *composition* peut donc consister en plusieurs combinaisons, dont l'antagonisme est poussé à l'extrême. Ces oppositions peuvent même avoir un caractère discordant, et malgré cela leur juste emploi, loin d'être négatif, agira d'une façon positive sur la

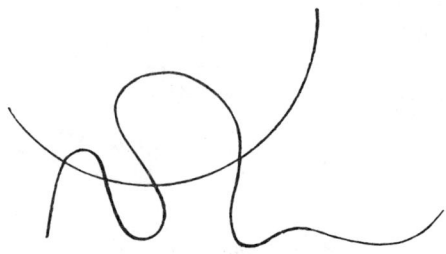

Fig. 64. Des lignes courbes se séparent

composition générale et élèvera l'œuvre vers une perfection harmonieuse.

Temps

L'élément temps est en général plus perceptible dans la ligne que dans le point – la longueur correspond à une notion de durée. En revanche, suivre une ligne droite ou suivre une ligne courbe demande une durée différente, même si la longueur des deux est pareille, et plus une ligne courbe est mouvementée, plus elle s'allonge en durée. La ligne offre donc quant au temps une grande diversité d'expression. Le contenu temps confère aussi différentes colorations intérieures à la ligne horizontale et à la ligne verticale, même si elles sont de longueurs pareilles; peut-être s'agit-il effectivement de longueurs différentes, ce qui psychologiquement pourrait s'expliquer. L'élément temps ne doit donc pas être sous-estimé dans une composition linéaire et devrait être examiné attentivement dans un traité de composition.

Les autres arts

Autant que le point, la ligne s'emploie dans d'autres arts que la peinture. Le caractère de la ligne trouve une transposition plus ou moins précise dans le langage des autres arts.

Musique

Nous savons ce qu'est une *ligne mélodique* (voir fig. 11)*. La plupart des instruments de mu-

---

* Cette ligne se produit organiquement à partir des points répétés.

sique correspondent au caractère linéaire. Le volume du son des différents instruments correspond à l'épaisseur de la ligne : le violon, la flûte, le piccolo produisent une ligne très mince; d'une ligne plus épaisse – produite par la viole et la clarinette – nous arrivons par les sons les plus graves de la contrebasse et du tuba jusqu'aux lignes les plus épaisses.

En dehors de sa largeur, la coloration de la ligne dépend aussi de la couleur propre des divers instruments.

L'orgue est un instrument typiquement linéaire, autant que le piano est un instrument relevant de l'idée de point.

Nous pouvons constater que dans la musique la ligne représente le moyen d'expression prédominant. Elle s'affirme ici, comme en peinture, par le volume et la durée*. Dans ces deux arts, le problème Temps et Espace est un thème à part, et leur séparation a conduit à une attitude timorée par laquelle les notions Temps-Espace et Espace-Temps ont été par trop divisées. Les degrés d'intensité du *pianissimo* au *fortissimo* peuvent trouver leur équivalent dans la croissance ou décroissance de la ligne ou bien

---

* Dans la physique, pour mesurer la hauteur du son, on se sert d'appareils appropriés qui projettent mécaniquement la vibration des ondes sur un plan, donnant ainsi au son musical un aspect visuel précis. Des expériences semblables se font pour la couleur.

Dans nombre de cas importants la science de l'esthétique dispose donc déjà de transpositions plastiques précises pour la méthode synthétique.

dans son degré de clarté. La pression du geste sur l'archet correspond exactement à la pression du geste sur la pointe.

Il est particulièrement intéressant et significatif que l'actuelle représentation musicalo-graphique – l'écriture musicale – n'est autre chose que diverses combinaisons de points et de lignes. La durée n'est lisible, toutefois, que par la couleur du point (blanc et noir seulement, ce qui mène à une restriction des moyens), et par le nombre des croches (lignes). De la même façon la hauteur du son se mesure par des lignes, de sorte que cinq lignes horizontales servent de base. Il est instructif de voir que la concision des moyens de transcription et leur simplicité arrivent à transmettre en langage clair les sonorités les plus compliquées à l'œil initié (ou indirectement à l'oreille). Ces deux caractéristiques tentent les autres arts et il est compréhensible que la peinture ou la danse soient à la recherche de leur propre « écriture ». Même ici il n'existe qu'un seul chemin – celui de l'analyse des éléments de base, pour aboutir finalement à l'expression graphique adéquate*.

* Nous ne pouvons qu'indiquer brièvement ici les rapports des expressions picturales avec les expressions des autres arts et finalement avec les manifestations d'autres « mondes ». En particulier les « transpositions » et leurs possibilités – et en général la transposition de différents phénomènes en formes linéaires (« graphiques ») et en formes de couleur (« picturales ») – exigent une étude approfondie : expression linéaire et expression colorée. Nous

Danse

Dans la *danse* tout le corps et, dans la danse contemporaine, chaque doigt dessinent des lignes aux expressions précises. Le danseur « moderne » suit sur la scène des lignes distinctes et il les inclut comme un élément essentiel dans la composition de sa danse (Sakarov[23]). Tout le corps du danseur jusqu'au bout des doigts constitue à tout moment une composition linéaire ininterrompue (Palucca).

Le fait d'insister sur la ligne est peut-être nouveau, mais n'est naturellement pas une invention de la danse « moderne » : aussi bien que le ballet classique, les danses populaires à tout moment de leur « évolution » se servent de la ligne.

Sculpture et architecture

Le rôle et l'importance de la ligne dans la *sculpture* et dans l'*architecture* sont évidents – la construction dans l'espace est en même temps une construction linéaire.

Ce serait une tâche très importante pour la recherche esthétique que d'analyser le tracé graphique dans l'architecture, au moins pour les œuvres types des différents peuples aux différentes époques, et de trouver une transcription

---

ne doutons pas qu'en principe tout phénomène, sur quelque plan que ce soit, puisse s'exprimer ainsi – l'expression de son essence intérieure – que ce soit l'orage, Jean-Sébastien Bach, la peur, un événement cosmique, Raphaël, des maux de dents, un événement « sublime » ou « banal », ou bien une sensation « supérieure » ou « inférieure ». Le seul danger consisterait à négliger le contenu et à s'en tenir à l'apparence formelle.

purement graphique de ces constructions. La base philosophique de ces recherches devrait être la connaissance des rapports entre formules plastiques[24] et atmosphère spirituelle des époques données. Pour le moment, par logique et nécessité, le point final de cette recherche s'en tiendra aux lignes horizontales et verticales tout en maîtrisant l'espace par les parties supérieures en porte à faux du bâtiment. De nos jours et en l'état actuel de la technique, les matériaux de construction offrent ici des possibilités plus grandes et plus sûres. Ce principe d'architecture doit être défini, selon ma terminologie, comme froid-chaud et chaud-froid – suivant la prédominance des lignes horizontales ou verticales. Un certain nombre d'œuvres importantes ont été créées dans cet esprit en peu de temps et il en apparaît de plus en plus dans tous les pays (Allemagne, France, Pays-Bas, Russie, Amérique, etc.).

Poésie

La création rythmée du poème trouve son expression dans des lignes droites et courbes, et leur alternance logique se dessine avec une précision graphique dans la métrique poétique. En dehors des mesures rythmées, qui sont précises, le poème gagne par la récitation une ligne mélodique musicale, qui exprime d'une façon instable et variable le *crescendo* et le *decrescendo*, la tension et la détente. Cette ligne-là est organiquement logique, car elle est liée au contenu littéraire du poème – tension et détente dépendent du contenu. Ce qui dévie de la ligne logique, ce qui est variable, dépend du récitant, autant qu'en musique l'intensité sonore (*forte* et *piano*) dépend de l'interprète. Le manque de précision de la ligne mélodique musicale importe peu pour un poème « littéraire », elle est fatale pour un poème abstrait, car la ligne chromatique y constitue un élément essentiel et déterminant. Pour ce genre de poésie un système d'écriture précisant la ligne chromatique devrait être trouvé, comme celui qui est employé pour la musique. Le problème des possibilités et des limites d'une poésie abstraite est complexe. Nous devons rappeler ici que l'art abstrait doit compter avec des formes plus précises que l'art figuratif, et que les problèmes purement formels sont essentiels pour le premier, parfois négligeables pour le second. Nous avons examiné la même différence en parlant du point, et comme nous l'avions dit, le point est silence.

Technique

Dans un domaine proche des arts – celui des ouvrages d'art et de leur technique –, la ligne gagne de plus en plus d'importance (fig. 65 et 66).

Autant que je sache, la tour Eiffel à Paris a été la première et la plus importante tentative pour dresser une construction très haute toute en lignes – la ligne ayant supplanté la surface*.

---

* Un exemple important et spécifique est l'emploi de la ligne comme expression graphique des nombres par un procédé technique. L'enregistrement automatique de lignes (comme il est employé pour les constatations météorologiques) est une représentation graphique précise d'une forme croissante ou décroissante. Cette représentation permet de

Fig. 65. Schéma d'un bateau à voiles. Construction linéaire en vue du mouvement (Coque et gréement)

réduire au minimum l'emploi des chiffres – la ligne remplace partiellement les chiffres. Ces graphiques sont clairs et compréhensibles aussi pour les non-initiés (fig. 67).

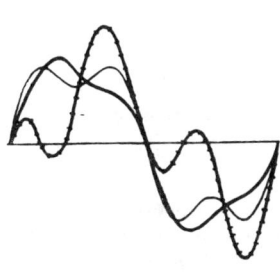

On se sert depuis des années de cette même méthode dans les statistiques – pour représenter par des ascensions linéaires un développement ou un état actuel –, mais dans ce cas les diagrammes doivent être dessinés à la main, résultats d'un travail long et minutieux. D'autres sciences emploient aussi cette méthode (*cf.* par exemple les courbes des rayons lumineux en astronomie).

Fig. 67. Graphique de courbe de courant (extrait de Physik in graphischen Darstellungen *de Felix Auerbach, éditions Teubner)*

Fig. 66. Carcasse d'un cargo

Les jointures et les boulons sont des points dans ces constructions linéaires. Ce sont des constructions en lignes et points non pas planes, mais dans l'espace (fig. 68)*.

Constructivisme[25]

Les œuvres « *constructivistes* » des dernières années sont pour la plupart, et surtout dans leur forme d'origine, des constructions abstraites ou

* La construction des pylônes, support des lignes électriques de haute tension, nous offre un exemple instructif (fig. 69). Nous nous trouvons en face d'une « forêt technique » qui ressemble à une « forêt naturelle » de palmiers et de sapins aplatis. L'épure d'un tel pylône ne contient que les deux éléments graphiques originaires – la ligne et le point.

*Fig. 68. Tour de radiodiffusion vue d'en bas
(photo Moholy-Nagy)*

Fig. 69. Forêt de poteaux

« pures » dans l'espace sans but pratique-utilitaire, ce qui les distingue des ouvrages d'art, et nous oblige à les classer dans le domaine de l'art « pur ». L'aspect résolument linéaire et les jointures par points sont frappants (fig. 70).

Nature

L'apparition de la ligne droite dans la *nature* est multiple. Voilà l'objet de recherches spécifiques que seul un savant des sciences naturelles doué d'esprit de synthèse pourrait faire aboutir. Pour l'artiste il serait tout particulièrement intéressant de voir comment le règne autonome de la nature se sert des éléments de base : lesquels sont choisis, quelles sont leurs propriétés et de quelle façon ils constituent des organismes. Les lois de création de la nature, au lieu de donner

Fig. 70. Une salle de l'exposition constructiviste, Moscou, 1921

à l'artiste la possibilité d'une imitation tout extérieure (ce qui lui paraît souvent le but principal), devraient au contraire l'inciter à confronter les lois de l'art avec celles de la nature. Sur ce point, décisif pour l'art abstrait, nous découvrons déjà les lois de la juxtaposition et de l'opposition, dont découlent deux principes – ceux des parallèles et des contrastes –, comme nous l'avions démontré à propos des combinaisons de lignes. Les lois séparées et autonomes des deux grands règnes – art et nature – nous mèneront finalement à la compréhension d'une loi générale de l'univers et rendront évidente leur interaction dans un ordre supérieur de synthèse de l'extérieur et de l'intérieur.

Aujourd'hui il n'y a que l'art *abstrait* qui ait cette position et qui, conscient de ses droits et de ses devoirs, ne se fonde plus sur les apparences extérieures de la nature. Que l'on ne m'objecte pas que l'apparence est subordonnée aux besoins intérieurs dans l'art « figuratif » – il est impossible de transposer l'intérieur d'un règne dans l'extérieur d'un autre.

Dans la nature nous retrouvons la ligne sous d'innombrables aspects : dans le monde minéral, végétal et animal. La composition schématique des cristaux est une formation purement linéaire (par exemple, forme plane des cristaux de givre, fig. 71).

Tout le développement de la plante, de la graine aux racines (vers le bas) et à la tige (vers

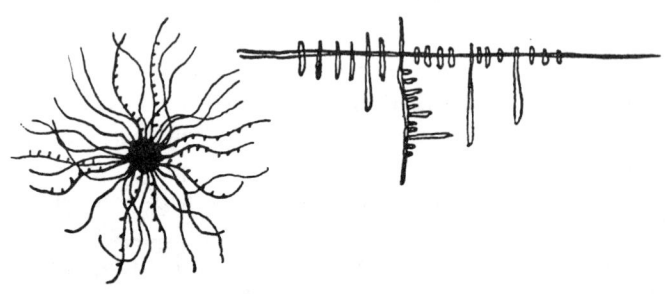

Fig. 71. Trichites – cristaux filiformes. « Squelettes de cristaux ».
(O. Lehmann : Die neue Welt der flüssigen Kristalle, *Leipzig, 1911)*

*Fig. 72. Schéma de la phyllotaxie : points d'implantation des feuilles sur le bourgeon (*Kultur der Gegenwart, *III, 4ᵉ Partie, 2)*

le haut)*, va du point à la ligne (fig. 73). La croissance mène à des complexes linéaires plus compliqués, aux constructions de lignes autonomes, comme les nervures des feuilles ou les formes excentriques des conifères (fig. 74).

*Fig. 73. Mouvements vibratoires végétaux par « flagellum » (*Kultur der Gegenwart, *III, 4ᵉ Partie, 3, p. 165)*

* Les points d'attache des feuilles autour de la tige sont disposés d'une façon toute régulière, qui peut s'exprimer par une formule mathématique – et par un schéma de spirale géométrique (fig. 72). *Cf.* plus haut spirale géométrique, fig. 37.

La composition linéaire organique des branches est toujours fondée sur le même principe, mais nous montre pourtant les combinaisons les plus diverses (rien que parmi les arbres, songeons au sapin, au figuier, au palmier, ou aux enchevêtrements compliqués des lianes et à d'autres plantes serpentines). D'autres combinaisons sont claires et exactes, de mode géométrique et rappellent vivement des constructions géométriques produites par les animaux, comme par exemple l'étonnante toile d'araignée.

Organisation géométrique ou lâche

D'autres sont de nature libre, se dessinant à partir de lignes libres où l'organisation souple ne présente aucune construction exacte ou géométrique. Le solide et l'exact n'en sont naturellement pas exclus pour autant mais fonctionnent d'une autre manière (fig. 76).

Nous retrouvons ces deux possibilités de construction dans la peinture abstraite*.

---

* Il y a deux motifs qui expliquent pourquoi la construction exacte et géométrique en peinture paraît aux peintres d'une importance capitale :

a) L'emploi évident et nécessaire de la couleur pure dans le renouveau « subit » de l'architecture, où la couleur joue un rôle subordonné à la totalité de l'œuvre. La peinture s'y était inconsciemment préparée par la tendance à « l'horizontal-vertical »;

b) la nécessité évidente, qui entraînait aussi la peinture, de reprendre les formes élémentaires et de chercher l'élémentaire non seulement dans les formes mêmes, mais aussi dans leur emploi constructif. Cette attitude se retrouve non seulement dans l'art mais aussi plus ou moins dans tous les

Fig. 76. Tissu conjonctif d'un rat

domaines de la mentalité de l'homme « nouveau » comme transition du primaire au plus complexe, qui se réalisera certainement tôt ou tard. L'art abstrait autonome subit, là encore, les « lois naturelles » et évoluera, obligatoirement, comme jadis la nature, qui, partant des formes primitives du protoplasme et de la cellule, évolue progressivement vers des organismes plus complexes. Aujourd'hui l'art abstrait crée, lui aussi, des organismes plus ou moins primaires et l'artiste de nos jours ne peut deviner que très vaguement le développement futur qui l'attire, l'excite et le rassure en même temps, car il voit dans cette évolution toutes les perspectives de l'avenir. Notons en passant que ceux qui doutent de l'avenir de l'art abstrait en jugent, comparativement, d'après le stade de développement des amphibies, qui représentent par rapport aux vertébrés supérieurs le « début » de la création et non le résultat final.

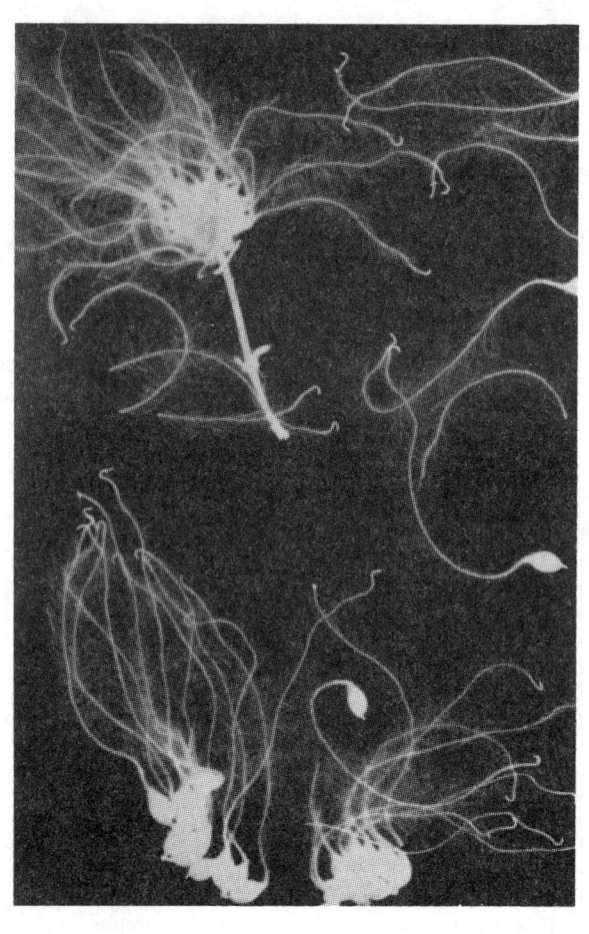

Fig. 74. Fleur de la clématite (photo Katt Both, Bauhaus)

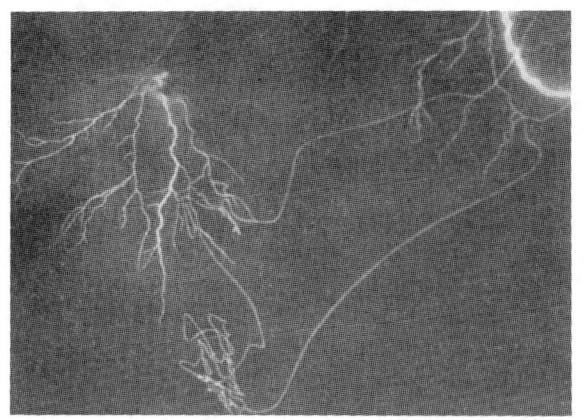

Fig. 75. Lignes formées par l'éclair

Cette parenté, on pourrait même dire cette « identité », est un exemple important pour démontrer les rapports entre les lois de l'art et celles de la nature. Mais n'en tirons pas de fausses conclusions : la différence entre art et nature ne se trouve pas dans les lois originelles, mais dans le matériau régi par ces lois. Il ne faut pas non plus perdre de vue les caractéristiques essentielles de ces deux matériaux : la cellule, élément originaire de la nature, selon nos connaissances actuelles, est en mouvement continu et effectif, tandis que l'élément originaire de la peinture – le point – est immobilité et calme.

Construction thématique

Dans leur évolution vers la forme la plus parfaite connue à ce jour – l'homme –, les squelettes des différents animaux montrent les constructions linéaires les plus diverses. Ces variations ne laissent rien à désirer quant à leur « beauté » et nous surprennent toujours par leur diversité. Le plus étonnant est le fait que ces écarts entre girafe et crapaud, homme et poisson, éléphant et souris ne constituent que des variantes d'*un thème* et que toutes ces possibilités infinies ressortent d'*un* principe de construction concentrique. La force créatrice se limite ici à certaines lois naturelles, qui excluent la construction excentrique. L'art n'est pas soumis à ce genre de lois et le chemin de la composition excentrique lui reste largement ouvert.

Art et nature

La croissance d'un doigt de la main est comme celle d'un rameau qui pousse sur la branche – selon le principe d'un développement graduel partant du centre (fig. 77).

Dans la peinture une ligne peut être « libre », sans être extérieurement subordonnée à l'entité, sans *rapport extérieur* avec le centre – l'intégration est de *nature intérieure*. Ce fait tout simple ne doit pas être sous-estimé en analysant les relations entre l'art et la nature*.

* Dans les limites restreintes de ce livre nous ne pouvons qu'effleurer ces problèmes importants : ils devraient faire partie d'un traité de la composition. Soulignons toutefois que les éléments des divers domaines de la création sont toujours les mêmes, les différences ne se manifestent que dans la construction. Nos exemples ne servent qu'à titre indicatif.

Fig. 77. Schéma d'une extrémité de vertébré. Terminaison de la construction centrale

La différence fondamentale est le but, ou – disons – le moyen pour atteindre ce but, lequel doit être finalement le même, par rapport à l'homme, dans l'art et dans la nature. En tout cas ne confondons pas dans un cas ou dans l'autre le contenant avec le contenu.

Quant aux moyens, l'art et la nature prennent des chemins différents et éloignés par rapport à l'homme, tout en tendant vers le même but. Il faut clairement se rendre compte de cette différence.

Arts graphiques

Chaque genre de ligne cherche un moyen approprié permettant sa réalisation propre, et cela selon une économie foncière : un minimum d'effort pour un maximum d'effet.

Les caractéristiques des techniques des « *arts graphiques* », dont nous avons parlé dans le chapitre du point, restent généralement valables aussi pour la ligne, qui n'est que la résultante naturelle du point : facilité dans la gravure (surtout dans l'eau-forte) incrustant la ligne profondément, travail difficile et attentif pour la gravure sur bois, pose fugitive sur le plan pour la lithographie.

Il est intéressant de faire ici quelques constatations concernant ces trois procédés et le degré de leur portée.

La suite est :
1. gravure sur bois – plans obtenus facilement,
2. gravure sur métal – point et ligne,
3. lithographie – point, ligne, plan.

C'est à peu près ainsi que s'échelonne l'intérêt artistique pour les éléments et les procédés correspondants.

Gravure sur bois

1. Après une longue période d'appréciation exclusive de la peinture au pinceau, entraînant une mésestimation (sinon un mépris) des moyens graphiques, subitement se réveille l'intérêt pour la *gravure sur bois*, presque oubliée, et surtout pour la gravure allemande. D'abord la

gravure sur bois ne joue qu'un rôle d'art mineur en marge de la création artistique, jusqu'à ce qu'elle s'intensifie victorieusement et forme finalement le prototype du graveur allemand. Sans tenir compte d'autres raisons, ce fait s'explique par la relation profonde avec le plan qui attirait à cette époque toute l'attention – période du plan dans l'art, ou art des plans. Le plan, moyen d'expression prédominant de la peinture de ce temps-là, s'emparait bientôt de la sculpture qui devenait une sculpture de plans. Nous voyons nettement aujourd'hui que ce stade d'évolution de la peinture, et presque simultanément de la sculpture – il y a trente ans environ –, correspondait à l'élan inconscient vers l'architecture, d'où le réveil « soudain » de l'art architectural, dont nous avons déjà parlé*.

La ligne dans la peinture

Il va de soi que la peinture devait se préoccuper de nouveau de son second élément principal : la ligne. Cette préoccupation se traduisait (et se traduit encore) sous l'aspect d'un développement normal des moyens d'expression, d'une calme évolution, qui a été considérée d'abord comme une révolution (et l'est encore aujourd'hui par certains théoriciens), et cela surtout en ce qui concerne l'emploi de la ligne

---

* Exemple de l'influence féconde de la peinture sur les autres arts. Une étude approfondie apporterait certainement des révélations surprenantes quant à l'évolution de tous les arts.

abstraite dans la peinture. Pour peu que ces théoriciens acceptent l'art abstrait, ils sont favorables à l'utilisation de la ligne dans les arts graphiques mais la jugent contraire à la nature de la peinture, donc inadmissible. Voilà un cas type du chaos des notions : on confond ce qui est facile à séparer, ce qui devrait être délimité : art et nature, en revanche on sépare méticuleusement ce qui forme une unité : peinture et art graphique. On définit la ligne comme élément « graphique », ne devant pas s'employer dans des buts « picturaux », bien qu'une différence essentielle entre « art graphique » et « peinture » ne puisse être ni découverte, ni être jamais démontrée par les théoriciens en question.

Gravure sur métal

2. Parmi les procédés existants la *gravure sur métal* est particulièrement propre à créer la ligne la plus fine, profondément incrustée dans le matériau. Elle fut donc redécouverte, et les nouvelles recherches de formes élémentaires devaient conduire inévitablement vers la ligne la plus fine, qui représente, d'un point de vue abstrait, une sonorité « absolue » parmi les lignes. Par ailleurs, ce même penchant à l'élémentaire entraîne d'autres conséquences – l'emploi unique d'une seule moitié des moyens, tout en éliminant l'autre*. Compte tenu des difficultés que représente l'emploi de la couleur, il

---

* Par exemple l'exclusion de la couleur ou bien sa réduction à une sonorité infime dans un certain nombre d'œuvres cubistes.

est naturel que la gravure sur métal se soit limitée à la forme purement « graphique » et soit une technique spécifique du noir et blanc.

Lithographie

3. La *lithographie* – le plus récent des procédés graphiques – offre la plus grande souplesse et la plus grande liberté.

La rapidité d'exécution, liée à la très grande solidité de la pierre, correspond à « l'esprit de notre temps ». Point, ligne et plan, noir et blanc, œuvres en couleurs sont obtenus avec un maximum d'économie. La facilité de maniement de la pierre lithographique, c'est-à-dire l'application aisée de la couleur avec toutes sortes d'outils, les possibilités presque illimitées de correction – spécialement la retouche d'une erreur, ce que ne permettent ni la gravure sur bois ni l'eau-forte – mènent à l'exécution spontanée de travaux sans plan préconçu (par exemple expérimentaux) et, de ce fait, correspondent parfaitement aux nécessités actuelles – non seulement extérieures, mais aussi intérieures.

Sur le chemin logique qui conduit aux éléments premiers, un des buts de notre livre est de découvrir et de démontrer les caractéristiques spécifiques du point. Là encore les particularités de la lithographie sont à notre disposition*.

---

* Mentionnons encore que les trois procédés graphiques correspondent à une échelle des valeurs et se rapportent à une réalité sociologique. La gravure en taille douce est aristocratique par essence : elle ne permet qu'un nombre limité d'épreuves toutes différentes, de sorte que chaque épreuve est unique dans son genre. La gravure sur bois

Point – Calme. Ligne – Tension intérieurement active, née du mouvement. Les deux éléments – croisement, combinaison – créent leur propre « langage » inaccessible aux mots. L'exclusion des « fioritures », qui pourraient obscurcir et étouffer la sonorité intérieure de ce langage, prête à l'expression picturale la plus grande concision et la plus haute précision. La forme pure est prête à recevoir le contenu vivant.

permet des impressions plus nombreuses et plus régulières, mais ne se prête que difficilement à l'emploi de la couleur. La lithographie, en revanche, donne un nombre presque illimité d'épreuves dans un minimum de temps par un procédé purement mécanique, s'approchant, par l'emploi perfectionné de la couleur, d'un tableau original et créant en tout cas un certain succédané de tableau. Cela démontre nettement la nature démocratique de la lithographie [26].

PLAN ORIGINEL

Concept

Nous considérons comme plan originel la surface matérielle appelée à porter le contenu de l'œuvre

Nous le désignerons dans la suite par P.O.

Le P.O. schématique est limité par deux lignes horizontales et deux lignes verticales, et il est défini ainsi comme un être autonome dans le domaine de son entourage.

Lignes couplées

Puisque nous connaissons les propriétés des lignes horizontales et verticales, la résonance principale du P.O. devient évidente : deux éléments de calme froid et deux éléments de calme chaud donnent l'accord de deux sons de calme qui définit la résonance sereine et objective du P.O.

La prédominance d'une tendance ou d'une autre, c'est-à-dire la prédominance de la largeur ou de la hauteur, fait prévaloir, selon le cas, la résonance objective du froid ou du chaud. Ainsi les éléments séparés sont implantés, dès le commencement, dans une atmosphère plus ou moins froide ou chaude, et même l'insertion d'un grand nombre d'éléments opposés ne saurait faire oublier totalement ce climat – fait à ne jamais négliger. Evidemment, ce phénomène offre de nombreuses possibilités de composition. Par exemple, une multiplication de tensions actives dirigées vers le haut, sur un P.O. plutôt froid (en largeur), rendra ces tensions toujours plus ou moins « dramatiques » car l'obstacle déclenche une force particulière. Un tel obstacle, contrarié outre mesure, peut même conduire à des sensations pénibles, sinon insupportables.

Le carré

La forme la plus objective d'un P.O. schématique est le *carré* – les limites du carré, formées de deux groupes de lignes couplées, possèdent la même intensité de son. Froid et chaud sont relativement équilibrés.

Une combinaison du P.O. le plus objectif avec un seul élément également de la plus grande objectivité produit un froid mortel – et peut être considérée comme un symbole de la mort. Ce n'est pas un hasard si notre époque a fourni de tels exemples[27].

Mais une combinaison « parfaitement » objective avec un élément « parfaitement » objectif sur un P.O. « parfaitement » objectif doit évidemment être comprise relativement : l'objectivité absolue ne peut pas être atteinte.

Nature du P.O.

Ce qui importe, ce n'est pas seulement la nature des divers éléments, mais c'est aussi *la nature propre du P.O.*, qui a une importance capitale et doit être considérée comme un facteur indépendant des forces de l'artiste.

D'autre part, ce fait est une source de grandes possibilités compositionnelles – le moyen vers le but.

Et cela repose sur quelques données simples.

Résonances

Tout P.O. schématique, produit par deux lignes horizontales et deux lignes verticales, possède donc quatre côtés. Chacun de ces quatre côtés produit sa propre résonance, dépassant les limites du calme chaud et froid. Ainsi aux résonances de calme chaud ou froid, s'ajoute une deuxième, qui dépend de façon organique et définitive de la position des lignes-limites. La position des deux lignes horizontales est *haut* et *bas*. La position des deux lignes verticales est *droite* et *gauche*.

Haut et bas

Autant que chaque être vivant se trouve et doit se trouver continuellement conditionné par « haut » et « bas », le P.O., étant un être vivant, est soumis aux mêmes conditions. Nous pouvons expliquer ceci en partie comme association d'idées, comme transposition de nos observations sur le P.O. Mais il reste à supposer que ce fait relève de racines plus profondes : être vivant. Sauf pour l'artiste, cette assertion peut paraître étrange. Mais on peut supposer que tout artiste a senti, peut-être inconsciemment, la « respiration » du P.O. vierge et qu'il se sent plus ou moins responsable envers cet être, sachant que le maltraiter inconsidérément équivaudrait à un assassinat. L'artiste « féconde » cet être et il sent que c'est docile et « comblé » que le P.O. reçoit les éléments justes dans la juste ordonnance. Cet organisme vivant, mais primitif, se transforme sous l'action juste en un nouvel organisme tout aussi vivant, mais qui a cessé d'être primitif et témoigne de toutes les caractéristiques d'un organisme désormais supérieur.

Haut

Le « *haut* » évoque l'idée d'une plus grande souplesse, une sensation de légèreté, d'ascension et finalement de liberté ; chacune de ces propriétés visiblement apparentées produit par elle-même une résonance particulière.

La « souplesse » nie la densité. Plus ils sont rapprochés de la limite supérieure du P.O., et plus les petits éléments épars paraissent disséminés.

La « légèreté » augmente encore leurs propriétés intérieures – les petits éléments épars ne sont pas seulement plus éloignés les uns des autres ; ils perdent aussi leur propre poids et d'autant plus leur faculté de « porter ». Chaque forme plus lourde gagne en poids en haut du P.O. La résonance du poids est accentuée.

La « liberté » déclenche l'impression d'un « mouvement »* plus aisé et la tension peut

---

* Les notions telles que « mouvement », « montée », « tombée », etc. sont empruntées au monde matériel. Sur le s'y épanouir plus facilement. L'« ascension » ou la « chute » gagnent en intensité. *La contrainte est réduite au minimum.*

Bas

Le « *bas* » agit à l'opposé : densité, pesanteur, contrainte. Plus on approche de la limite inférieure du P.O., plus l'atmosphère se fait dense, les petits éléments épars s'agglutinent de plus en plus et soutiennent plus facilement de ce fait des formes plus grandes et plus lourdes. Ces formes perdent leur poids et la note de pesanteur perd en intensité. L'« ascension » devient malaisée – les formes paraissent s'arracher violemment et l'on croit entendre grincer des frictions. Effort aigu vers le haut et « chute » molle vers le bas. La liberté du « mouvement » est de plus en plus contrariée. *La contrainte est à son maximum.*

Ces propriétés des lignes horizontales du haut et du bas, qui, couplées, font entendre une double résonance du plus grand contraste, peuvent être encore accentuées pour atteindre au « dramatique » par une prolifération de formes lourdes en bas et de formes légères en haut. Ainsi les pressions ou les tensions augmentent dans les deux directions.

En revanche, ces propriétés peuvent être en partie neutralisées ou atténuées – de façon naturelle – par le procédé inverse : formes lourdes en haut, formes légères en bas. Si la direction des tensions est définie, celles-ci peu-

P.O. pictural elles s'entendent comme tensions intérieures des éléments modifiées par les tensions du P.O.

vent être dirigées du haut vers le bas ou du bas vers le haut, et on peut obtenir ainsi une compensation relative.

Ces possibilités peuvent être présentées schématiquement comme suit :

1er cas – « Dramatisation »

en haut	Poids du P.O.	2
	Poids des formes	2
		4

4 : 8

en bas	Poids du P.O.	4
	Poids des formes	4
		8

2e cas – « Compensation »

en haut	Poids du P.O.	2
	Poids des formes	4
		6

6 : 6

en bas	Poids du P.O.	4
	Poids des formes	2
		6

Il est à présumer qu'à l'avenir on trouvera des moyens pour mesurer ces tensions avec une plus grande précision. Alors notre équation grossièrement schématique serait corrigée de sorte que la relativité de la « compensation » ressorte plus nettement. Mais les moyens numériques dont nous disposons actuellement sont très primitifs. On peut difficilement imaginer aujourd'hui comment pourrait s'exprimer en chiffres précis le *poids* d'un point à peine visible, d'autant plus que la notion « poids » ne correspond pas à un poids matériel, mais est l'expression d'une force intérieure ou, dans notre exemple, d'une tension intérieure

Droite et gauche

La position des deux lignes-limites verticales sont la droite et la gauche. Ce sont des tensions dont la résonance intérieure est définie par un calme chaud et qui correspondent, dans notre conception, à la montée.

Aux deux lignes horizontales d'un calme froid différencié s'ajoutent donc deux éléments chauds qui, déjà dans cette conception de principe, ne peuvent être identiques.

Une question s'impose aussitôt : quel côté du P.O. doit être pris pour la droite et lequel pour la gauche? Le côté droit du P.O. devrait être, en somme, celui qui fait face à notre côté gauche, et inversement – comme c'est le cas pour tout autre être vivant. S'il en était ainsi, nous pourrions aisément transposer nos qualités humaines au P.O. et définir de cette façon les deux côtés du P.O. Pour la plupart des humains le côté droit est le plus développé, donc le plus libre, le côté gauche plus handicapé donc le moins libre.

Or c'est le contraire qui est vrai pour les côtés du P.O.

Gauche

Le côté « *gauche* » du P.O. évoque l'idée d'une plus grande souplesse, une sensation de légèreté, de libération et finalement de liberté[28].

Nous retrouvons ici les propriétés spécifiques du « haut ». La différence entre gauche et haut réside dans une graduation de ces qualités. La « souplesse » du « haut » possède indiscutablement un plus haut degré que celle de la gauche. En revanche à la « gauche » nous trouvons une densité plus prononcée, mais quand même bien différente du « bas ». La légèreté de la « gauche » est moindre que celle du « haut », mais le poids de la « gauche » est bien moindre que celui du « bas ». Le même phénomène se produit pour la libération, la « liberté » est moindre à « gauche » qu'en « haut ».

Il est très important de constater que les degrés varient à l'intérieur même de la gauche, de sorte qu'ils augmentent du milieu en direction du haut et que la résonance diminue vers le bas. Le côté « gauche » est donc en quelque sorte influencé par le « haut » et le « bas », ce qui prend une signification particulière pour les angles formés par « gauche » et « haut » et par « gauche » et « bas ».

Sur la base de ces faits, nous pouvons facilement établir un autre parallèle avec l'homme – une libération accrue du bas vers le haut, et ceci du côté droit.

Nous devons donc admettre qu'il s'agit ici d'un véritable parallèle entre deux catérogies d'êtres vivants et que le P.O. doit être compris et traité comme tel. Mais comme au cours du travail, le P.O. est totalement lié à l'artiste et pas encore détaché de lui, on doit le considérer comme un miroir, où la gauche correspond à la droite. Il s'ensuit que nous devons en rester à la définition précédente : le P.O. n'est pas pris pour une partie de l'œuvre achevée, mais uniquement comme la base sur laquelle l'œuvre s'édifiera*.

Droite

Comme la « gauche » du P.O. s'apparente intérieurement avec le « haut », la « *droite* » est pour ainsi dire la prolongation du « bas » – prolongation subissant le même affaiblissement. Densité, pesanteur et contrainte diminuent, mais les tensions rencontrent une résistance plus grande, plus dense et plus agissante que la résistance à « gauche ».

Mais comme à « gauche » cette résistance est divisée – à partir du milieu, elle augmente vers le bas et perd en force vers le haut. Nous constatons la même influence agissant sur les angles que celle observée à « gauche » – sur l'angle à droite en haut et à droite en bas.

Associations littéraires

Ces deux côtés évoquent encore certaines sensations, qui s'expliquent par les caractéristiques que nous venons de décrire. Ces sensations

---

* On dirait que ce point de vue se transmet ensuite à l'œuvre accomplie, et cela pas seulement pour l'artiste, mais aussi pour le spectateur objectif, et nous pourrions considérer aussi l'artiste comme tel, par exemple s'il est lui-même le spectateur objectif des œuvres d'un autre artiste. Mais cette prise de position : – ce qui se trouve en face de ma droite est « à droite » – s'explique peut-être par l'impossibilité d'être parfaitement objectif en face d'une œuvre et d'exclure totalement toute subjectivité.

ont un côté « littéraire »; elles nous font découvrir les parentés profondes des différents arts et nous font pressentir les racines profondes de tous les arts et finalement de tous les domaines de l'esprit. Ces sensations résultent des possibilités limitées de l'homme qui malgré toutes les variantes du mouvement ne peut se mouvoir qu'en deux dimensions.

Le lointain

La direction vers la « gauche » – sortir – est un mouvement *vers le lointain*. C'est dans cette direction que tend l'homme lorsqu'il quitte son entourage habituel, se libérant ainsi des contraintes qui lui pèsent et qui entravent ses mouvements par une atmosphère figée, pour respirer enfin de mieux en mieux. Il part à l'« aventure ». Les formes dont les tensions se dirigent vers la gauche ont ainsi un côté « aventureux » et le « mouvement » de ces formes gagne en intensité et en rapidité.

La maison

La direction vers la « droite » – rentrer – est un mouvement *vers la maison*. Ce mouvement porte en soi une certaine fatigue et son but est le repos. En s'approchant de la droite le mouvement ralentit et s'épuise – ainsi les tensions des formes qui se dirigent vers la droite s'amenuisent et leurs facultés de mouvement sont de plus en plus limitées.

S'il était besoin d'une expression « littéraire » équivalente pour « haut » et « bas », les associations ciel et terre s'imposent aussitôt.

Les quatre limites du P.O. se présentent donc comme suit :

Succession	*Tension*	*« Littérairement »*
1. Haut	vers le	ciel
2. Gauche	vers le	lointain
3. Droite	vers la	maison
4. Bas	vers la	terre

Pourtant il ne faudrait pas s'imaginer qu'il faut prendre ces rapports à la lettre et il ne faudrait surtout pas croire qu'ils puissent définir une conception compositionnelle. Notre but est de montrer analytiquement les tensions intérieures du P.O. et de rendre consciente l'existence de ces tensions, ce qui n'avait pas été tenté jusqu'alors d'une façon claire – à ce que je sache –, bien que cela doive faire l'objet d'une partie importante d'un futur traité de composition. Mentionnons en passant que ces qualités organiques du plan se transmettent à l'espace, de sorte que la notion de l'espace en face de l'homme et la notion de l'espace entourant l'homme – malgré leur parenté intérieure – présentent toutefois certaines différences. Mais ceci est un problème à part.

En tout cas, à l'approche de chacun des quatre côtés du P.O. nous sentons certaines forces de résistance qui isolent l'entité du P.O. de façon définitive de son entourage. C'est pour cela qu'une forme approchant des limites subit une influence spécifique, ce qui est d'une importance décisive pour une composition. Les forces de résistance des limites ne diffèrent que par leur degré d'intensité, ce que nous illustrons de la façon suivante (fig. 78).

Fig. 78. Forces de résistance des quatre côtés du carré

Ou bien traduisons les forces de résistance en tensions, et nous trouverons leur expression graphique dans des angles déformés.

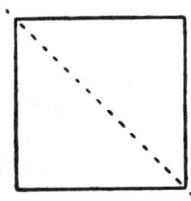

Fig. 79. Expression extérieure du carré, 4 angles de 90°

Relativité

Au début de ce chapitre nous avons appelé le carré la forme la plus « objective » du P.O. Mais la suite de l'analyse a démontré clairement que même dans ce cas il ne faut comprendre l'objectivité que de façon relative et qu'ici non plus nous ne pouvons atteindre à « l'absolu ». Autrement dit : le « calme » parfait n'appartient qu'au point, tant qu'il reste isolé. Les lignes horizontales et verticales isolées possèdent un calme coloré, puisque chaud et froid évoquent des couleurs. Donc nous ne pouvons pas appeler le carré une forme incolore*.

Calme

Parmi les forces de plan, c'est le cercle qui s'approche le plus du calme incolore, puisqu'il résulte de deux forces égales et constantes et ne connaît pas la violence de l'angle. Le point au

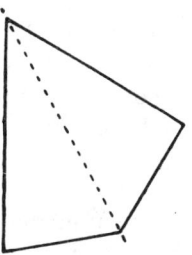

*Fig. 80. Expression intérieure du carré,
par exemple angles de 60°, 80°, 90°, et 130°*

* Aussi la parenté du carré avec la couleur rouge est-elle évidente : Carré ⇄ Rouge.

centre du cercle est donc le calme le plus parfait du point non isolé.

Comme nous l'avons mentionné déjà, le P.O. offre en principe deux possibilités types d'accueil des éléments :
1. les éléments s'unissent matériellement au P.O., de sorte que la sonorité du P.O. en est fortement accentuée, ou
2. leur rapport avec le P.O. est si relâché que celui-ci ne résonne pour ainsi dire plus, disparaît presque, et que les éléments « planent » dans un espace sans limites précises (surtout en profondeur).

C'est dans un traité de construction et de composition qu'il faudrait approfondir ces deux cas. Le deuxième particulièrement – la « destruction » du P.O. – ne peut s'expliquer clairement qu'en relation avec les propriétés intérieures des différents éléments. Les éléments qui s'approchent ou reculent dilatent le P.O. en avant (vers le spectateur) et en arrière (loin du spectateur) comme un accordéon. Ce sont particulièrement les éléments-couleurs qui possèdent cette force*.

Formats

Si l'on trace une diagonale au travers d'un P.O. carré, celle-ci se trouve dans un angle de 45° par rapport à l'horizontale. En passant du P.O. carré à d'autres plans rectangulaires cet angle augmente ou diminue en degrés. La dia-

---

* Voir *Du Spirituel dans l'art*.

gonale est penchée vers la verticale ou vers l'horizontale. Nous pouvons donc la considérer en quelque sorte comme une indication de la tension (fig. 81).

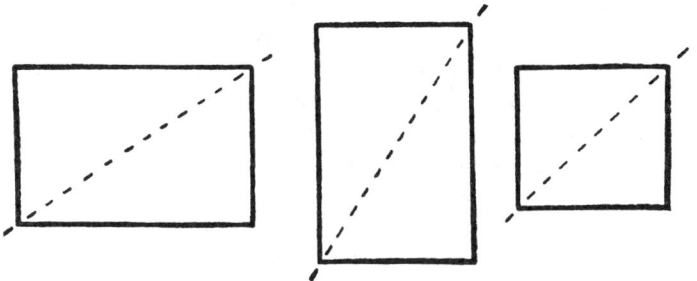

Fig. 81. Axe diagonal

C'est ainsi qu'apparaissent ce que l'on appelle des formats en hauteur ou en largeur, dont la signification dans la peinture « figurative » est purement naturaliste, sans rapport aucun avec la tension intérieure. Dans les académies déjà, on connaissait le format en largeur comme celui du paysage*. Ces désignations étaient courantes à Paris, et furent importées probablement de là en Allemagne.

Art abstrait

Il est indubitable que la moindre déviation de la diagonale – indicateur de la tension –, vers la verticale ou vers l'horizontale, est décisive dans

---

* Il fallait évidemment un format en hauteur très allongé pour le nu.

la composition et surtout dans l'art abstrait. Toutes les tensions des formes détachées prennent chaque fois d'autres directions sur le P.O. et acquièrent en conséquence une autre coloration. Mais aussi les groupes de formes se trouvent soit tassés vers le haut, soit étirés en longueur. Ainsi, par un mauvais choix du format, un ordre bien établi peut être changé en un désordre repoussant.

Construction

Naturellement nous ne considérons pas comme « ordonnance » une « construction harmonieuse », purement mathématique, dans laquelle tous les éléments se placent dans des directions nettement mesurées, mais aussi bien une construction selon les principes du contraste. Par exemple, les éléments tendus vers le haut sont « dramatisés » par le format en largeur, car ils se trouvent posés dans un milieu de contrainte. Ceci comme indication pour un traité de composition.

Autres tensions

Le point de croisement des deux diagonales définit le centre du P.O. Les deux lignes – l'horizontale et la verticale – traversant ce centre partagent le P.O. en *quatre parties principales*, dont chacune a son caractère spécifique. Leurs pointes se touchent dans ce centre « neutre », duquel les tensions partent en direction des diagonales (fig. 82).

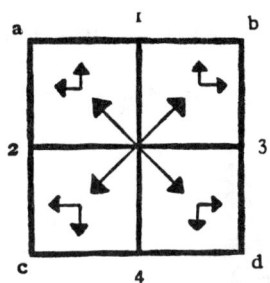

Fig. 82. Tensions partant du centre

Les chiffres 1, 2, 3, 4 désignent les forces de résistance des limites.

a, b, c, d désignent les quatre parties principales.

Oppositions

Ce schéma conduit aux conclusions suivantes :

partie a – tension vers 1 et 2 = combinaison la plus souple,

partie d – tension vers 3 et 4 = résistance la plus forte.

Ainsi les parties a et d se trouvent dans une *opposition maximale*.

partie b – tension vers 1 et 3 = résistance atténuée vers le haut,

partie c – tension vers 2 et 4 = résistance atténuée vers le bas.

Ainsi les parties b et c se trouvent dans une *opposition atténuée* et leur parenté se discerne aisément.

Combiné aux forces de résistance des limites

du plan, un schéma des poids s'établit (fig. 83).

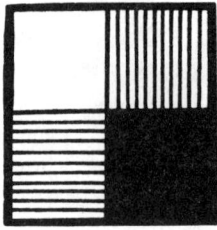

Fig. 83. Répartition des poids

La confrontation de ces deux faits est déterminante et répond à la question : laquelle des deux diagonales – bc ou ad – devrions-nous qualifier d'« harmonieuse » ou de « discordante »? (fig. 84)*.

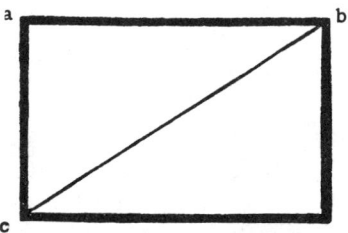

Fig. 84. Diagonale « harmonieuse »

* Voir fig. 80, l'axe qui dévie vers l'angle à droite en haut.

Poids

Le triangle abc est indiscutablement posé avec moins de poids sur le triangle inférieur que le triangle abd, qui pèse avec un certain poids sur le triangle inférieur. Cette pression agit spécialement sur le point d, ce qui paraît pousser la diagonale vers le haut à partir du point a en l'éloignant du centre. Comparée à la tension calme cb, la tension da nous paraît plus compliquée – à la direction diagonale s'ajoute une déviation vers le haut. Nous pouvons donc aussi désigner les deux diagonales d'une autre façon :

cb – tension « lyrique »,
da – tension « dramatique ».

Contenu

Naturellement ces désignations ne doivent s'entendre qu'en tant qu'indication vers le

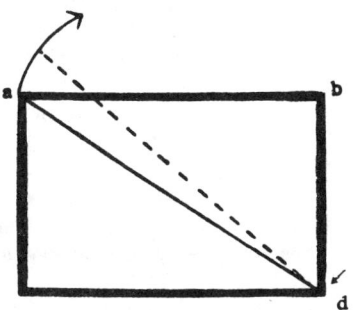

Fig. 85. Diagonale « discordante »

contenu intérieur. Elles sont les ponts de l'extérieur vers l'intérieur*.

En tout cas nous devons le répéter : tout espace à l'intérieur du P.O. est individuel avec sa sonorité propre et sa coloration intérieure.

Méthode

La présente analyse du P.O. peut servir d'exemple à une méthode scientifique qui pourrait servir à l'établissement d'une future étude de l'esthétique. (C'est ce qui fait sa valeur théorique.) Les exemples simples qui suivent indiquent une voie vers une application pratique.

Application

Une simple forme pointue, transition de la ligne au plan, unissant en elle-même les caractéristiques de la ligne et du plan, sera posée dans les différentes directions mentionnées sur le P.O. « le plus objectif ». Quelles en seront les conséquences ?

---

* Il serait très intéressant de faire l'analyse de différentes œuvres de construction nettement diagonale, quant au caractère de ces diagonales et à leur rapport intérieur avec le contenu pictural de ces œuvres. Par exemple : je me suis servi souvent de la construction diagonale, et je n'en suis devenu conscient que plus tard. La « Composition 1 » (1910)[29], par exemple, peut être ainsi définie sur la base des formules citées : construction cb et da en soulignant énergiquement le cb – qui forme l'épine dorsale du tableau.

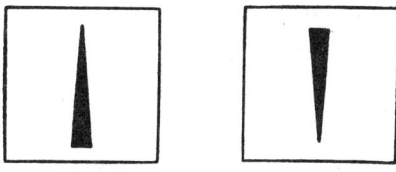

Fig. 86. A I Position verticale « calme chaud »

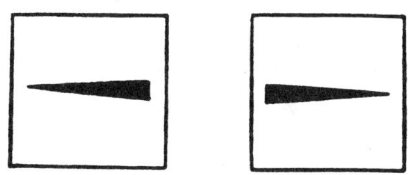

Fig. 87. A II Position horizontale « calme froid »

Contrastes

Deux groupes d'images contrastés se sont produits. Le premier groupe (I) est un exemple du *plus grand contraste*, car la forme de gauche est dirigée vers la moindre résistance, la forme de droite vers la résistance la plus forte.

Le deuxième groupe (II) est un exemple d'une *opposition modérée*, car les deux formes sont dirigées vers les résistances atténuées et leurs tensions ne diffèrent que de peu.

Parallèle extérieur

Dans les deux cas les formes se trouvent parallèles au P.O., ce qui constitue un *parallèle extérieur*, car nous avons pris pour base les limites extérieures du P.O., et non pas sa tension intérieure.

Une combinaison élémentaire avec la tension

intérieure du P.O. exige la direction diagonale, ce qui produit encore deux groupes d'images opposés :

Fig. 88. B I Position diagonale « discordante »

Fig. 89. B II Position diagonale « harmonieuse »

Contrastes

Ces deux groupes d'images opposés se distinguent comme ceux mentionnés sous A.

La forme à gauche est dirigée vers l'angle le plus souple, la forme à droite est dirigée vers l'angle le plus ferme, elles présentent donc le *plus grand contraste*. } en haut

La raison pour laquelle les deux formes en bas ne présentent qu'un *contraste modéré* va de soi. } en bas

> Parallèle intérieur

Ici cesse toute parenté entre les groupes A et B. Ces derniers sont des exemples pour un *parallèle intérieur*, puisque les formes suivent la direction de la tension intérieure du P.O.*.

> Composition
> Construction

Ces quatre groupes ouvrent donc huit possibilités différentes pour des constructions compositionnelles évidentes ou bien profondément cachées – bases sur lesquelles d'autres directions principales de formes peuvent se greffer, restant centrales ou s'éloignant du centre en différentes directions. Évidemment, cette première base aussi peut s'éloigner du centre, le centre peut être évité tout à fait – le nombre des possibilités de construction est illimité. L'ambiance de l'époque, le caractère du peuple, et finalement la personnalité de l'artiste – qui n'est pas tout à fait indépendant de ce qui précède – définissent la sonorité première des « tendances » compositionnelles. Ce problème ne s'intègre pas dans le cadre de ce livre – mentionnons toutefois, qu'au cours des dernières décennies nous avons vu une vague du concentrique, puis une vague du décentré croître et décroître. Ceci découlait de différentes sources en partie en rapport avec les conceptions de l'époque, mais souvent aussi causées par des nécessités bien plus profondes.

---

* Dans le cas I la direction des formes correspond à la tension normale dans le carré, dans le cas II la direction des formes correspond à la diagonale harmonique.

Dans la peinture tout particulièrement, les changements d'« ambiance » correspondaient au désir de sacrifier le P.O. ou, au contraire, de le maintenir.

Histoire de l'art

L'histoire de l'art « moderne » devrait approfondir ces recherches, qui dépassent de loin les problèmes purement picturaux, ce qui permettrait d'éclaircir certains rapports avec l'histoire de la culture. Récemment beaucoup de découvertes ont été faites dans cette direction, nous dévoilant ce qui était caché dans des profondeurs mystérieuses il y a peu de temps encore.

Art et époque

Les relations entre l'histoire de l'art et l'« histoire de la civilisation » (ce qui inclut aussi l'histoire de l'absence de culture) se réduisent schématiquement à trois formules :
1. l'art est à l'image de son époque –
    a) ou bien l'époque est forte et dense, et l'art, fort et dense, marche avec son temps sans entrave, ou
    b) l'époque est forte, mais intérieurement décadente, et l'art, faible, succombe à la décadence;
2. l'art s'oppose, pour une raison ou une autre, à son époque et exprime les possibilités opposées à son temps;
3. l'art dépasse les limites que l'époque veut lui imposer et exprime l'esprit de l'avenir.

Exemples

Notons en passant que les tendances actuelles, qui se réfèrent aux bases constructives, coïncident avec les théories énoncées. L'« excentrique » américain de l'art théâtral, formé avec précision, constitue un exemple frappant du second principe. L'hostilité actuelle contre l'art « pur » (par exemple contre la peinture de chevalet) et les attaques de principe qui en font partie, se classent sous le point b) du premier principe. L'art abstrait se libère de la tutelle de l'atmosphère de nos jours et de ce fait il se classe sous le principe 3.

Sur ces bases nous arrivons à expliquer des phénomènes qui paraissent d'abord indéfinissables, ou dans d'autres cas dépourvus de sens : l'utilisation exclusive de l'horizontal-vertical nous paraît facilement incompréhensible, et Dada nous semble insensé. Aussi étonnant que cela puisse paraître, ces deux phénomènes ont vu le jour presque au même moment, mais se trouvent dans une contradiction irrémédiable. L'exclusion de toutes les bases de construction hormis l'horizontal-vertical condamne l'art « pur »; il n'y a que l'« art appliqué » qui puisse s'y complaire : l'époque, forte d'apparence mais intérieurement décadente, soumet l'art à ses buts et nie son indépendance – point b) du principe 1. Dada cherche à refléter la décadence intérieure, en réfutant naturellement ses bases artistiques, sans être capable de les remplacer par des bases nouvelles – b) du principe 1.

Forme et culture

Ces quelques exemples, pris exclusivement dans notre époque, ont été cités avec l'intention d'examiner de près les relations organiques et souvent indispensables de l'esthétique pure avec les manifestations de la civilisation, aussi bien qu'avec l'absence de culture*. D'autre part nous voudrions indiquer que les tentatives pour expliquer l'art par des données géographiques, économiques, politiques ou autres considérations purement « matérialistes » ne peuvent jamais être complètes, et que ces méthodes n'évitent pas la partialité. Seule la correspondance de l'esthétique des deux domaines (art et civilisation) sur la base d'un contenu spirituel peut indiquer la direction juste, et les conditions « matérialistes » n'y jouent qu'un rôle insignifiant – au fond elles ne sont pas déterminantes et ne restent jamais qu'un moyen vers un but.

Tout n'est pas visible et compréhensible, ou – autrement dit – sous le visible et le compréhensible se cachent l'invisible et l'incompréhensible. Nous nous trouvons aujourd'hui au seuil d'une époque et une marche – une seule –, qui nous mènera vers les profondeurs, devient perceptible peu à peu. Toutefois pressentons-nous déjà dans quelle direction nous devons chercher la marche suivante, et cela est notre espoir.

* « Aujourd'hui » se compose de deux parties diamétralement opposées – impasse et seuil – avec prédominance de la première. Le thème de l'impasse prédomine et exclut la notion de « culture » – l'époque est dépourvue de culture, tout en laissant apparaître par-ci, par-là quelques germes d'une culture future – thème du seuil. Cette disharmonie thématique est le « signe » de l'époque « actuelle » et s'impose continuellement à l'observateur.

Malgré les contradictions insurmontables, à première vue, l'homme de nos jours ne se contente plus des apparences. Sa vision gagne en acuité, sa perception s'affine et son désir augmente de percevoir l'intérieur des choses à travers leur aspect. C'est pourquoi il nous est possible de sentir la pulsation intérieure d'un être aussi silencieux et effacé que le plan originel.

Résonance relative

Cette pulsation du P.O. se transforme, comme nous l'avons montré, en résonances doubles ou multiples, dès qu'un élément, même le plus simple, est posé sur le P.O.

Une ligne courbe libre, se composant de deux ondulations vers un côté, de trois vers l'autre, a, par son extrémité supérieure renforcée, un « visage » obstiné et se termine par une ondulation s'affaiblissant vers le bas. Cette ligne se ramasse d'en bas, gagne en expression, par son ondulation accrue jusqu'au maximum de l' « obstination ».

Gauche-droite

Et que devient cette obstination, si elle est dirigée d'abord vers la gauche et ensuite vers la droite? (fig. 90, 91).

Haut-bas

Pour comparer les effets respectifs du « haut » et du « bas », le lecteur pourra lui-même renverser ces images. Le « contenu » de la ligne sera si profondément transformé, qu'elle en deviendra méconnaissable : l'obstination disparaît totalement et se trouve remplacée par une

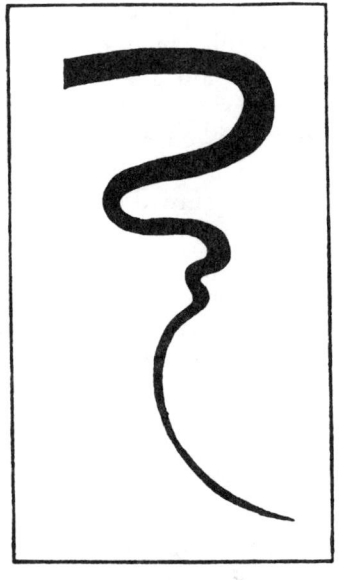 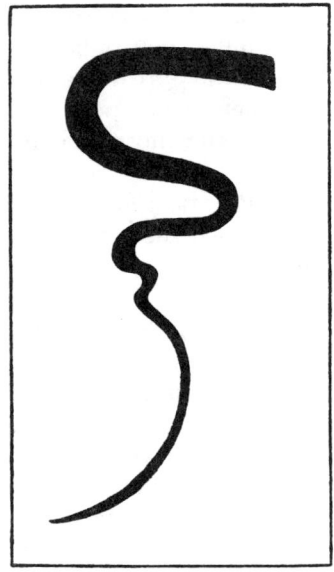

Fig. 90. *Obstination atténuée. Courbes souples. La résistance de gauche est faible, la couche est renforcée à droite*

Fig. 91. *Obstination tendue. Courbes plus fermes. La résistance de droite freine fortement. « Air » (*Luft*) léger à gauche*

tension laborieuse. La densité disparaît et tout semble en gestation. En tournant la ligne vers la gauche la gestation est plus prononcée, vers la droite – l'effort*.

Plan sur plan

Nous dépassons maintenant les limites de

---

* Pour ce genre d'expériences, il vaut mieux se fier à la première impression, car la sensibilité se lasse vite et cède le champ à l'imagination.

cette étude et nous posons sur le P.O. non pas une ligne, mais un plan, qui n'est autre que la représentation de la tension intérieure du carré (voir fig. 80).

Le carré normalement déformé sur le P.O.

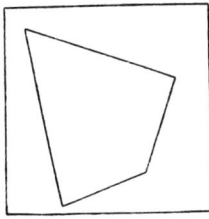

Fig. 92. Parallèle intérieur d'une sonorité lyrique, conforme à la tension intérieure « discordante »

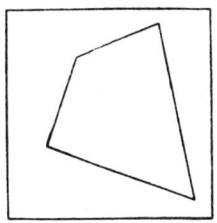

Fig. 93. Parallèle intérieur d'une sonorité dramatique opposée à la tension intérieure « harmonieuse »

Rapport avec les limites

Dans les rapports de la forme avec les limites du P.O., la *distance* entre formes et limites joue un rôle très important. Une simple ligne droite sera posée sur le P.O. de deux façons différentes sans changement de longueur (fig. 94 et 95).

Dans le premier cas, la ligne est posée librement. Sa position par rapport aux limites lui confère une tension accrue vers la droite supérieure, ce qui diminue la tension de l'extrémité inférieure (fig. 94).

Dans le deuxième cas, la ligne touche la limite supérieure et perd de ce fait toute tension vers le haut, en revanche la tension vers le bas augmente et exprime comme un désespoir morbide (fig. 95)*.

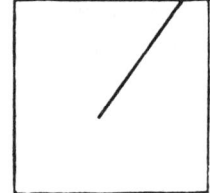

Fig. 94.   *Fig. 95.*

Autrement dit : une forme gagne en tension autant qu'elle s'approche des limites du P.O., jusqu'au moment où la tension cesse subitement quand cette forme atteint cette même limite. Et autant que cette forme s'éloigne des limites du P.O., autant la tension entre la forme et les limites diminue. Ou bien : les formes proches des limites du P.O. augmentent la résonance « dramatique » de la construction, tandis que les formes éloignées des limites et groupées autour du centre prêtent à la construction une résonance « lyrique ». Ce ne sont toujours que des règles schématiques. D'autres moyens peuvent soit mettre en valeur ces résonances soit les atténuer jusqu'à une résonance à peine perceptible. Mais toujours elles seront plus ou moins actives, ce qui démontre la justesse de notre théorie.

---

* Cette tension accrue et le contact avec la limite supérieure font que, dans le second cas, la ligne paraît plus longue que dans le premier.

Lyrique
Dramatique

Quelques exemples doivent illustrer les cas types de ces règles :

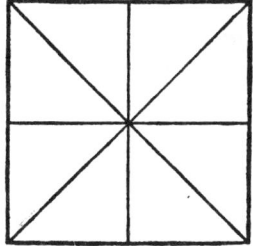

Fig. 96. Lyrisme silencieux des quatre lignes élémentaires – expression figée

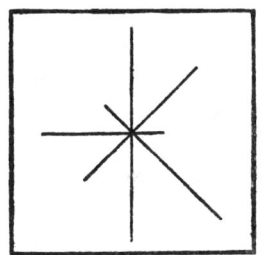

Fig. 97. Les mêmes éléments dramatisés – expression de pulsation compliquée

Application décentrée :

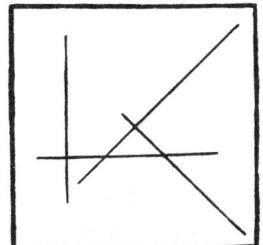

Fig. 98. Lignes diagonales centrales. L'horizontale-verticale décentrée. Tension maximale des diagonales. Tensions équilibrées des lignes horizontales et verticales

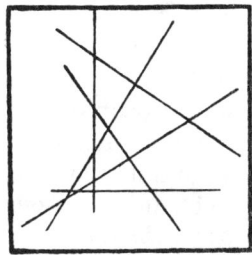

*Fig. 99. Toutes les lignes décentrées. Diagonales soulignées par la répétition.
Sonorité dramatique retenue par le point de contact en haut*

La construction décentrée a servi ici l'intention de renforcer la résonance dramatique.

Multiplication des résonances

Si nous remplaçons dans ces exemples les lignes droites par les lignes courbes simples, la somme totale des résonances serait triplée – toute courbe simple porte en elle deux tensions, et une troisième en résulte, comme nous l'avons dit dans le chapitre concernant la ligne. Si, par la suite, nous remplacions les lignes courbes simples par des lignes ondulées, chaque boucle présenterait une ligne courbe simple avec ses trois tensions, et par conséquent la somme des tensions se trouverait encore augmentée. Les rapports de chaque boucle avec les limites du P.O. compliqueraient encore cette somme des tensions par des résonances plus ou moins fortes*.

Ordre logique

Le comportement des plans dans leur rapport avec le P.O. est un problème à part. Cependant l'ordre logique dont nous parlons, ainsi que nos règles, gardent toute leur valeur et indiquent une direction pour l'étude de ce thème spécifique.

Autres figures du P.O.

Jusqu'alors nous n'avons parlé que du P.O. carré. Les autres figures quadrangulaires résultent de la prédominance des limites horizontales ou verticales. Dans le premier cas le calme froid

---

* Les planches de composition qui suivent illustrent de tels cas (voir Appendice de *Point et ligne sur plan*).

prévaudra, dans le second le calme chaud, ce qui naturellement définira d'avance la résonance de base du P.O. La tendance vers le haut et la tendance en largeur sont aux antipodes. L'objectivité du carré disparaît pour être remplacée par une tension subjective du P.O. entier, qui influencera – plus ou moins perceptiblement – tous les éléments sur le P.O.

N'oublions pas que ces deux figures sont de nature plus compliquée que le carré. Dans le rectangle large, les limites horizontales étant plus longues que les limites verticales, plus de « liberté » est offerte aux éléments, freinés pourtant par la longueur moindre des côtés. Dans un rectangle en hauteur, ces données sont renversées. Autrement dit, il y a une plus grande interdépendance des limites dans le cas des rectangles que dans le cas du carré. Nous gagnons l'impression d'une participation de l'entourage, qui paraît exercer une pression sur le P.O. Ainsi, dans le rectangle en hauteur la libération vers le haut est facilitée par le fait que dans cette direction la pression du dehors est presque absente et concentrée essentiellement sur les flancs.

Différents angles

Nous obtenons des variantes du P.O. en nous servant d'angles obtus et aigus en différentes combinaisons. Des possibilités nouvelles s'ouvrent en formant le P.O. de sorte qu'il oppose, soit comme stimulant soit comme frein, l'angle droit en haut aux éléments (fig. 100).

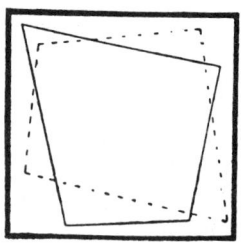

Fig. 100. P.O. stimulant, ou (en pointillé) freinant

Il peut y avoir des P.O. polygonaux, mais qui, en fin de compte, doivent être subordonnés à *une* forme de base unique et ne sont donc que des variantes compliquées de la forme de base donnée. Ne nous y attardons pas (fig. 101).

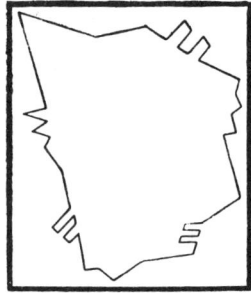

Fig. 101. P.O. polygonal compliqué

Forme circulaire

Les angles peuvent devenir de plus en plus nombreux, donc de plus en plus obtus, jusqu'à leur disparition totale – le plan est devenu un cercle.

Cela présente un cas simple et très compliqué en même temps, et nous nous proposons d'en

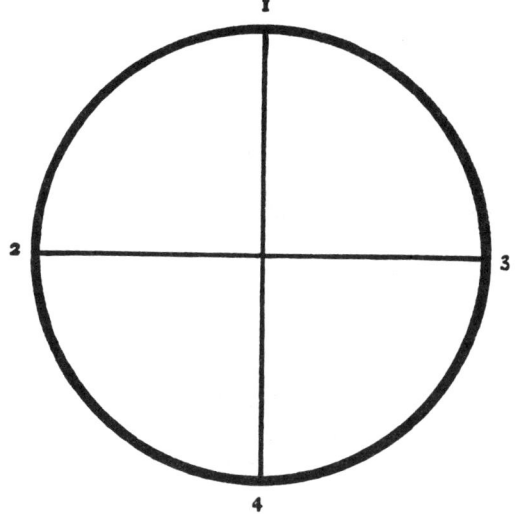

Fig. 102.

parler plus longuement à l'occasion. Notons ici simplement, qu'aussi bien la simplicité que la complexité résultent de l'absence des angles. Le cercle est simple car la pression de ses limites comparée à la pression dans les figures rectangulaires, est équilibrée – les différences sont moins fortes. Il est compliqué par le fait que le haut se transforme imperceptiblement en gauche et droite, comme gauche et droite deviennent progressivement le bas. Quatre points seulement gardent la sonorité initiale des quatre côtés, ce qui correspond aussi à notre perception sensible.

Ces points sont 1, 2, 3, 4. Les opposés sont les mêmes que dans les figures rectangulaires : 1-4 et 2-3 (fig. 102).

Le segment 1-2 définit une diminution progressive de la « liberté » maximale pour devenir résistance dans le segment 2-4, et ainsi de suite jusqu'à ce que le cercle se ferme. Ce que nous savons des tensions dans le carré reste valable pour les tensions des quatre segments du cercle. En somme le cercle contient donc les mêmes tensions que celles que nous avons décelées dans le carré.

Les trois plans originaux – triangle, carré, cercle – résultent naturellement d'un mouvement conditionné du point. Si deux lignes diagonales passent par le point central du cercle et si leurs quatre points de contact avec le cercle sont liés entre eux par des lignes horizontales et verticales, il se produit, selon A. S. Pouchkine, le schéma des chiffres arabes et romains (fig. 103).

Ici se rencontrent :
1. les origines de deux systèmes numériques, avec
2. les origines des formes premières de l'art.

Si cette parenté profonde existe vraiment, elle confirmerait notre supposition qu'une racine commune lie des phénomènes qui, à première vue, paraissent foncièrement différents et séparés les uns des autres. A notre époque tout spécialement, nous éprouvons le besoin de découvrir ces racines communes. De tels besoins n'apparaissent pas sans raisons profondes, mais pour y

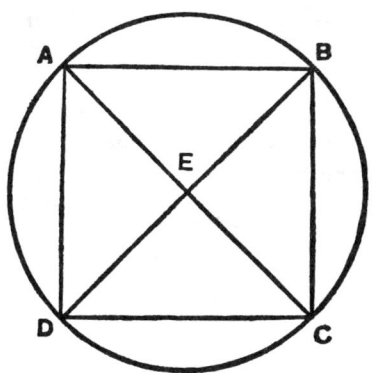

Fig. 103
Triangles et carré inscrits dans un cercle démontrent l'origine des chiffres arabes et romains.
A. S. Pouchkine, Œuvres. Edition Annenkoff, 1855, Pétersbourg.

$$A\ D = 1$$
$$A\ B\ D\ C = 2$$
$$A\ B\ E\ C\ D = 3$$
$$A\ B\ D + A\ E = 4$$
$$etc.$$

satisfaire il faut des efforts opiniâtres. Ces besoins naissent de l'intuition. Le chemin vers la solution est intuitif aussi. La suite est une synthèse harmonieuse d'intuitions et d'analyses – ni les unes ni les autres ne suffiraient pour nous conduire plus loin.

Forme ovale
Formes libres

En passant par la forme ovale, qui résulte d'une compression régulière du cercle, nous arrivons aux figures libres, qui, quoique sans angles, dépassent les limites des figures géométriques de la même façon que les figures polygonales. Là aussi les principes restent inchangés et nous les retrouvons même au travers des figures plus compliquées.

Tout ce qui a été dit d'une façon générale au sujet du P.O. s'entend comme un système de principes, permettant la compréhension des tensions intérieures agissant parallèlement au plan.

Facture

Le P.O. est matériel, il résulte d'un procédé purement matériel et son caractère dépend de ce procédé. Comme nous l'avons mentionné déjà, un grand nombre de matières différentes sont à notre disposition pour sa confection : ce sont des surfaces lisses, rugueuses, granuleuses, brillantes, mates ou en relief qui finalement
1. isolent, ou
2. soulignent fortement les effets intérieurs du P.O. dans ses rapports avec les éléments.

Il va de soi que les caractéristiques de la surface dépendent exclusivement du matériau (toiles de différentes qualités, stuc, et la façon de le traiter, papier, pierre, verre, etc.) et des outils appropriés à son traitement et son emploi. La facture, dont nous ne pouvons parler longuement ici, offre – comme tout autre moyen – des possibilités précises mais élastiques et souples de procéder – schématiquement dit – en deux directions :
1. la facture va dans le même sens que les éléments, et les soutient ainsi extérieurement, ou alors,
2. l'on se sert du principe des contrastes et la

facture se trouve en opposition extérieure avec les éléments, les soutenant intérieurement.

Entre ces deux extrêmes : toutes les possibilités et variantes.

Le matériau et les outils qui servent à produire la forme matérielle des éléments sont évidemment tout aussi déterminants que les procédés et outils qui ont servi à créer la surface matérielle. Ceci devrait figurer dans un traité de composition qui se voudrait complet.

Il est important d'indiquer ici ces possibilités, car tous les procédés mentionnés et leurs conséquences intérieures peuvent servir, non seulement à la construction de la surface matérielle, mais aussi à la destruction optique de cette surface.

La surface dématérialisée

D'un côté, les éléments posés de façon solide (matérielle) sur un P.O. solide, plus ou moins dur et optiquement palpable, de l'autre côté, les éléments sans poids matériel, qui « planent » dans un espace indéfinissable (dématérialisé), sont des phénomènes foncièrement différents se trouvant aux antipodes. La conception matérialiste, qui s'étendait naturellement aussi à l'art, entraînait comme conséquence organique un intérêt exceptionnel pour la surface matérielle et toutes ses dérivations. L'art doit à cette partialité la curiosité saine et nécessaire envers le métier, les connaissances artisanales et spécialement l'étude des « matériaux » en général. Il est particulièrement significatif que ces connaissances étendues ne servent pas seulement à la réalisation matérielle d'un P.O., mais qu'elles sont tout aussi indispensables à la dématérialisation du P.O. en liaison avec les éléments – ceci étant la voie menant de l'extérieur vers l'intérieur.

Le spectateur

Soulignons tout particulièrement qu'une sensation de « vol plané » ne dépend pas seulement des conditions mentionnées, mais aussi de la réceptivité du spectateur. Son œil peut posséder la capacité de voir l'extérieur, ou l'intérieur, ou même les deux à la fois : si l'œil peu exercé (et cela dépend du psychisme) ne peut percevoir la profondeur, il ne saura pas non plus faire abstraction de la surface matérielle pour ressentir l'espace indéfinissable. L'œil éduqué doit être capable d'une part de voir la surface de l'œuvre comme telle, et de l'ignorer, d'autre part, quand cette surface exprime l'espace. Une simple composition linéaire peut être traitée de deux façons – ou bien elle est intégrée au plan originel, ou elle flotte librement dans l'espace. Le point, qui s'incruste dans le plan, peut lui aussi, se libérer de la surface et « planer » dans l'espace*.

* Il va de soi que la transformation du plan matériel, et par conséquent le caractère général des éléments en relation avec ce plan, doivent déclencher, sous bien des rapports, des conséquences déterminantes. Parmi les transformations les plus importantes nous constatons un changement de la notion du temps : l'espace s'identifie avec la profondeur et de ce fait aussi avec les éléments tendant vers la profondeur. C'est à bon escient que j'ai désigné l'espace

De même que les tensions intérieures du P.O. demeurent présentes dans les formes compliquées du plan, de même ces tensions sont transposées de la surface immatérielle à l'espace indéfinissable. La thèse ne perd pas sa validité. Si le point de départ est juste et la direction prise est la bonne, nous ne pouvons pas manquer le but.

But de la théorie

Le but de la théorie est :
1. trouver la vie,
2. rendre perceptible sa pulsation, et
3. constater la conformité aux lois de tout ce qui vit.

Ainsi nous recueillons des faits vivants – en tant que phénomènes isolés et dans leurs rapports. Il incombe à la philosophie d'en tirer les conclusions, ce qui est un travail de synthèse, qui conduit aux révélations intérieures – autant que le permet chaque époque.

---

né d'une dématérialisation, comme « indéfinissable » – sa profondeur est finalement tout illusoire, et se dérobe aux mesures matérielles. Dans ces cas, le temps ne peut pas trouver une expression numérique et ne pourra agir que de façon relative. Comme, en revanche, la profondeur illusoire devient toute réelle du point de vue pictural, un certain laps de temps – peut-être difficile à mesurer – nous est nécessaire pour suivre les éléments qui se dirigent vers la profondeur. Donc, la transformation du P.O. matériel en un espace indéfinissable permet l'accroissement de la notion de temps.

APPENDICE

Tableau 1. Point.
Tension tempérée vers le centre.

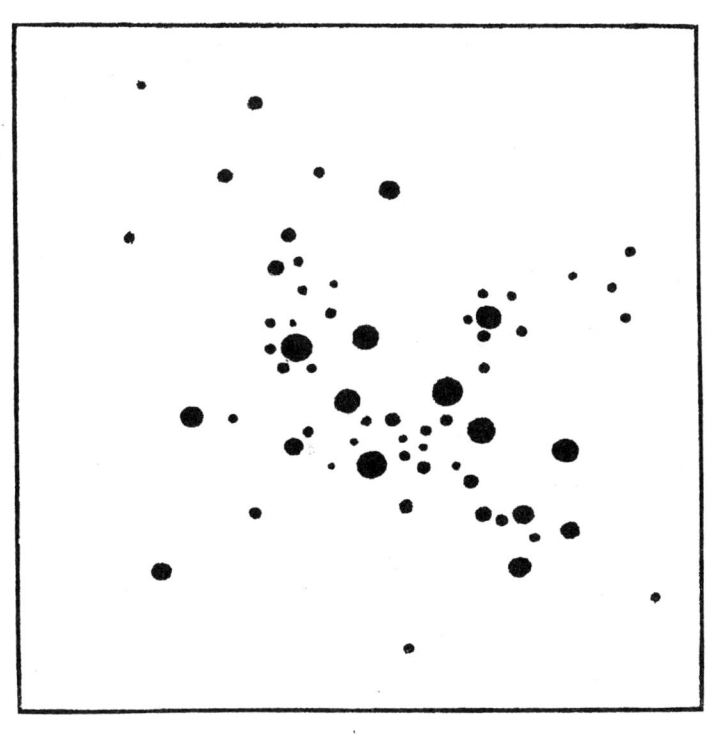

Tableau 2. Point.
Dissolution progressive (diagonale d-a suggérée).

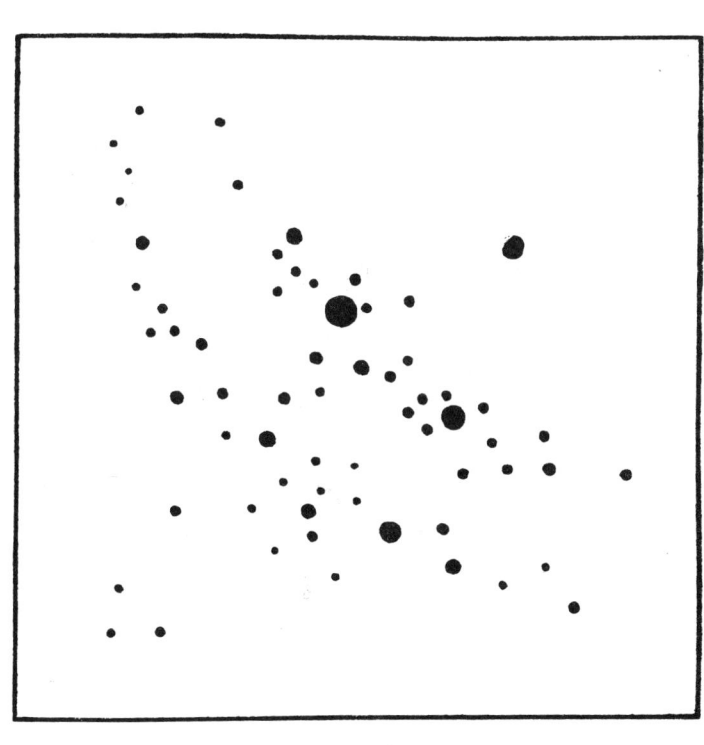

Tableau 3. Point.
9 points en ascension (accentuation de la diagonale d-a par le poids).

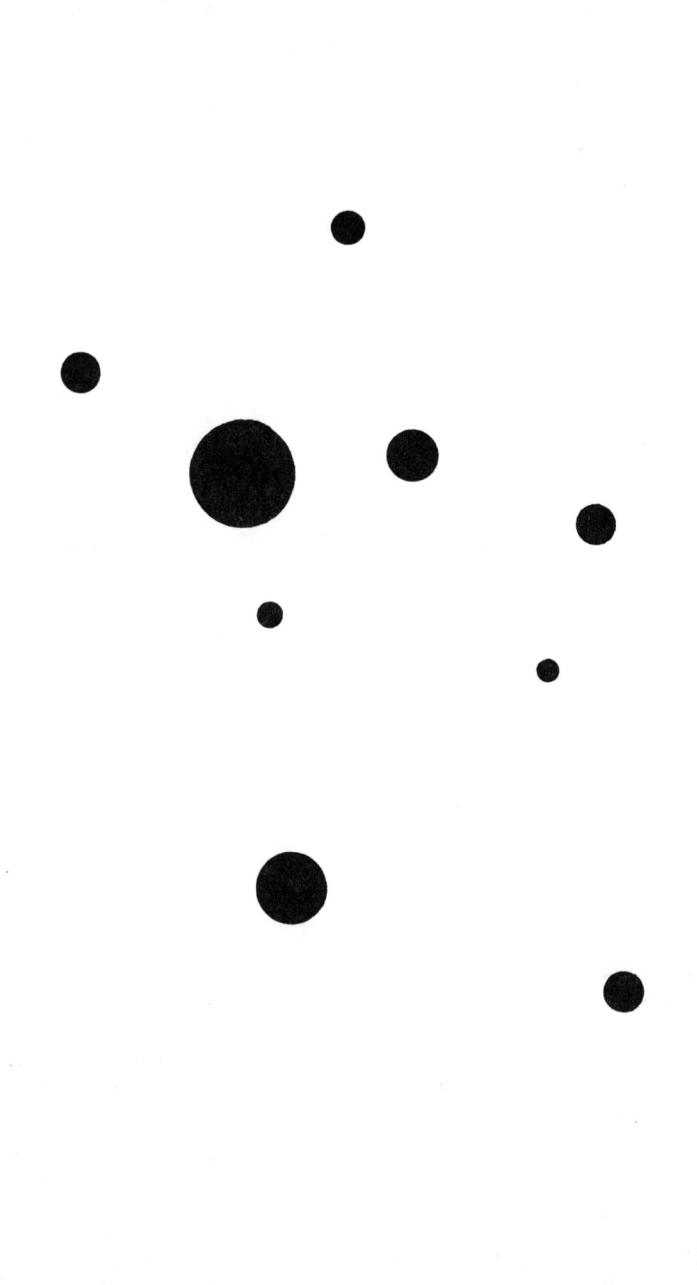

Tableau 4. Point.
Schéma de points horizontal-vertical-diagonal pour une organisation linéaire libre.

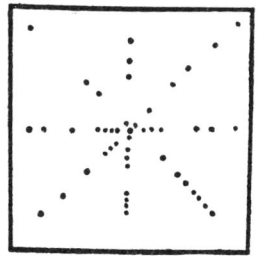

Tableau 5. Point.
Le point noir et blanc comme valeur élémentaire de couleur.

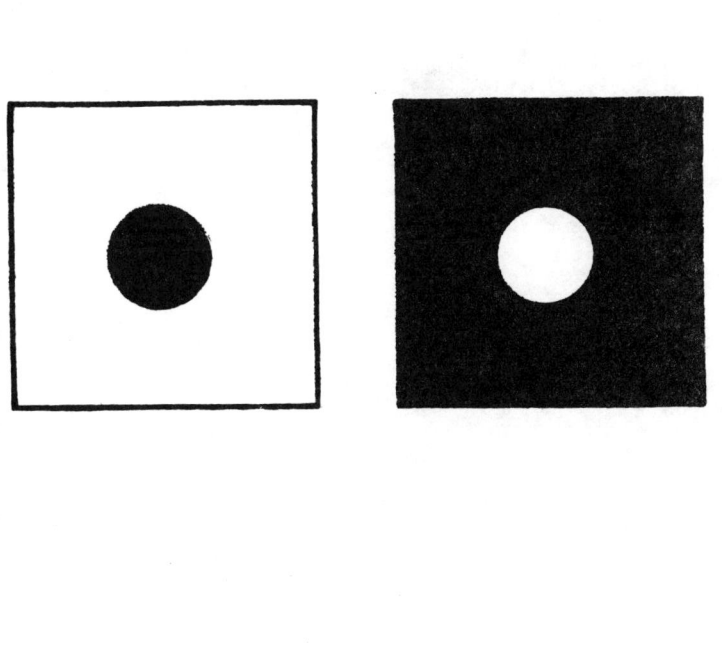

Tableau 6. Ligne.
Même exemple sous la forme linéaire.

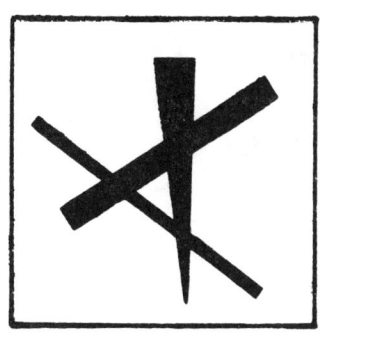

Tableau 7. Ligne.
Avec un point à la limite du plan.

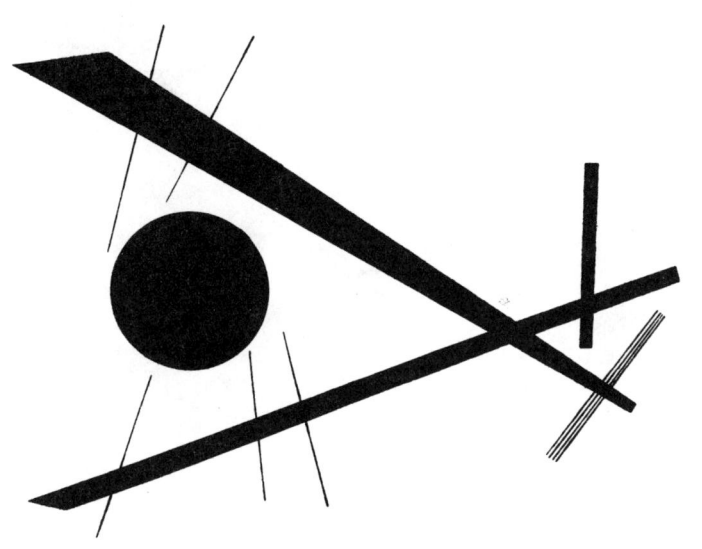

Tableau 8. Ligne.
Les poids accentués en noir-blanc.

Tableau 9. Ligne.
Les lignes fines tiennent ferme devant le point lourd.

Tableau 10. Ligne.
Organisation graphique d'un détail de Composition IV *(1911)*.[30]

Tableau 11. Ligne.
Organisation linéaire de la Composition IV *: ascension verticale-diagonale.*

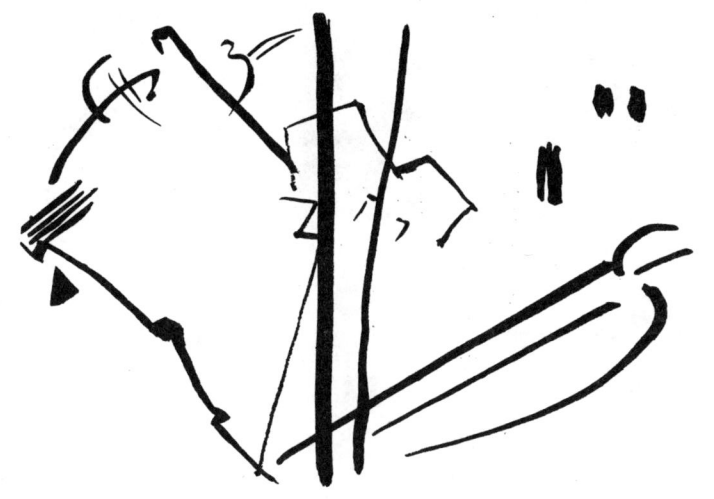

Tableau 12. Ligne.
Organisation excentrée où l'excentrique est accentué par des surfaces en formation.

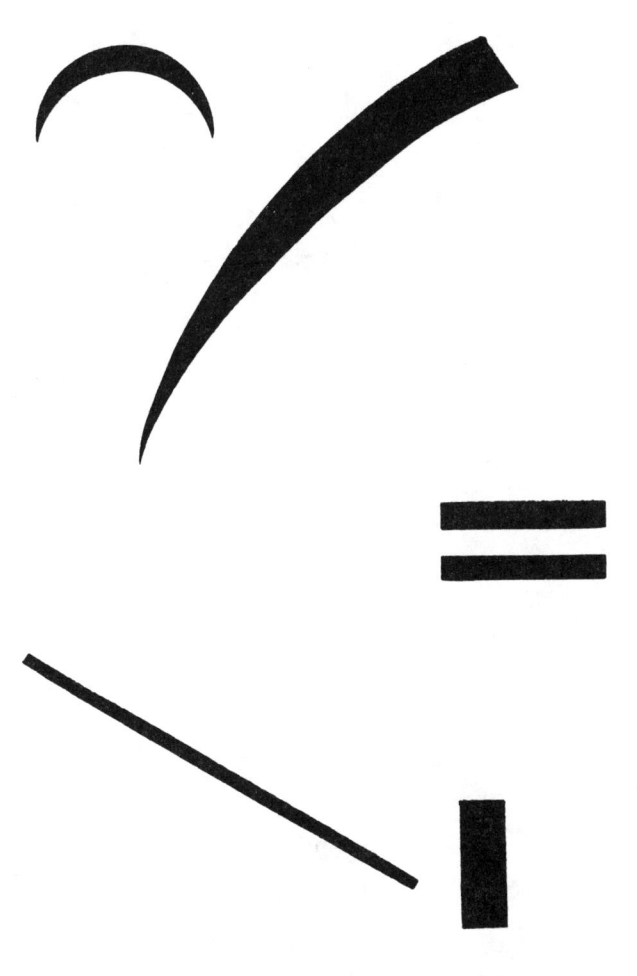

Tableau 13. Ligne.
Deux courbes sur une droite.

Tableau 14. Ligne.
Le long format favorise la tension d'ensemble des unités de faible tension.

Tableau 15. Ligne.
Courbe libre sur point, avec résonance associée de courbes géométriques.

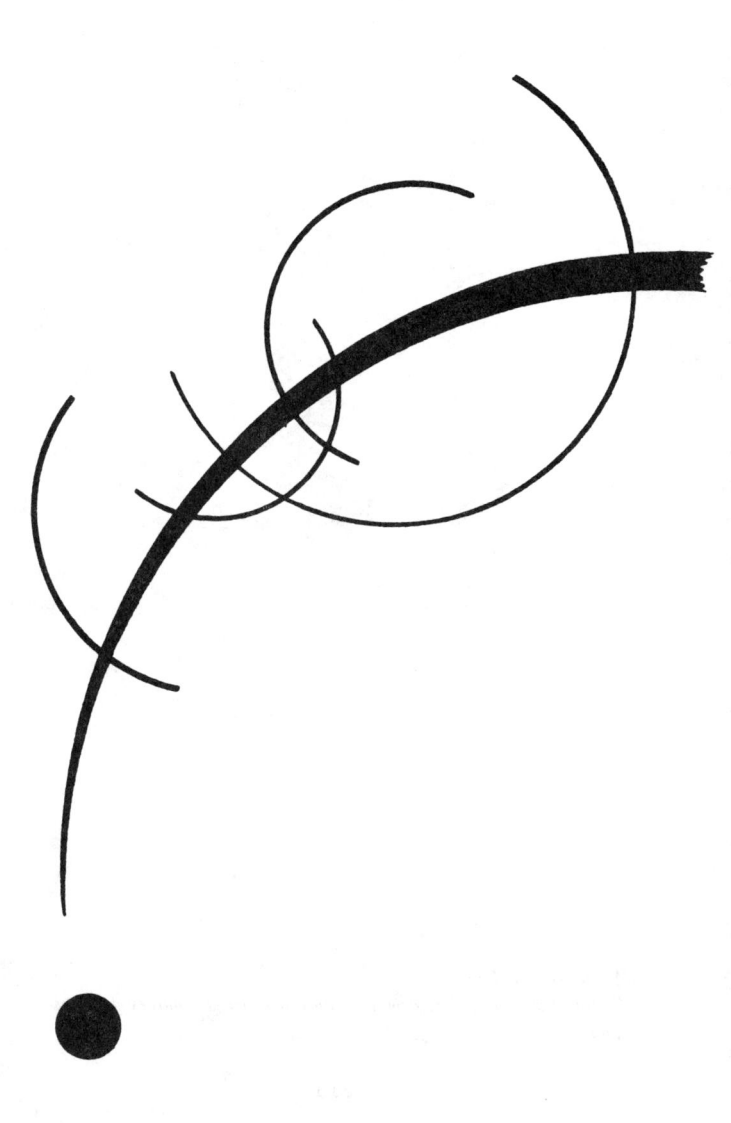

Tableau 16. Ligne.
*Ondulée libre avec " réencrage " * (Nachdruck) *– position horizontale.*

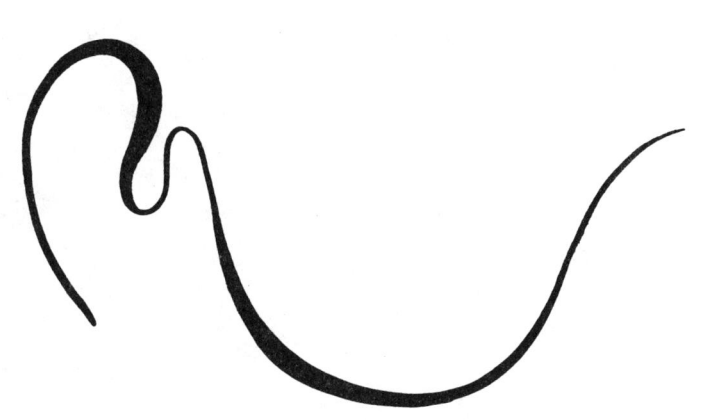

Tableau 17. Ligne.
La même [ligne] ondulée avec accompagnement de [lignes] géométriques.

Tableau 18. Ligne.
Combinaison simple et de caractère unifié de quelques [lignes] libres.

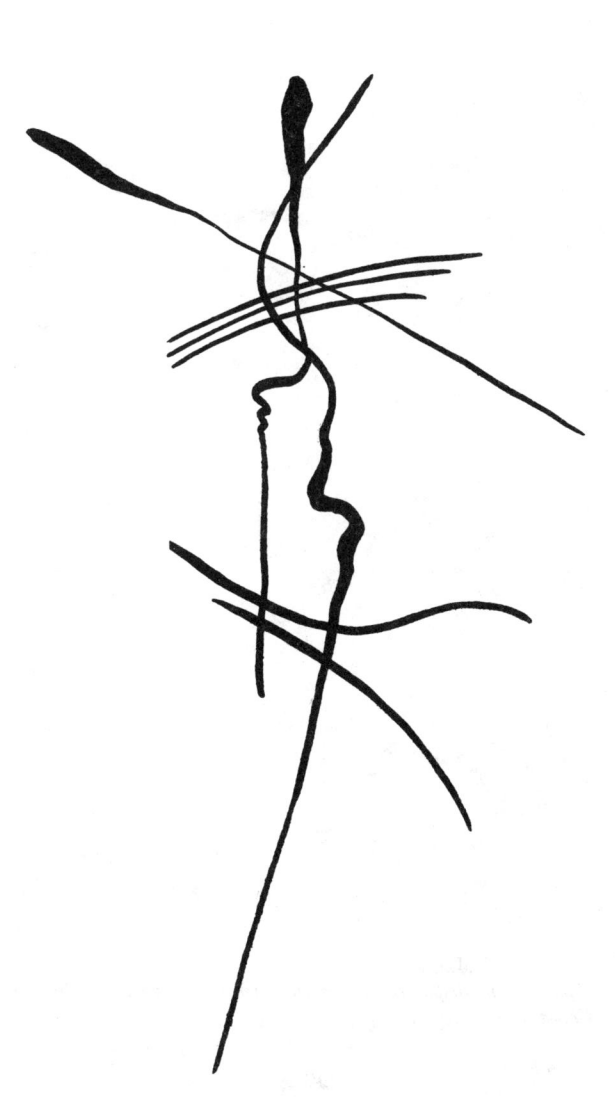

Tableau 19. Ligne.
La même combinaison compliquée par des spirales libres.

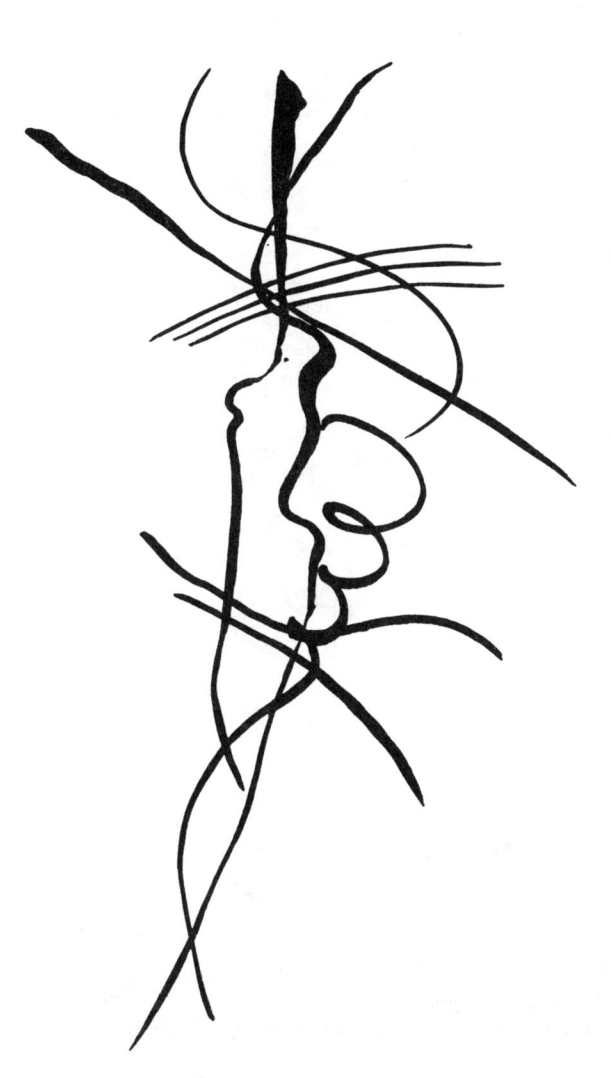

Tableau 20. Ligne.
Tensions diagonales avec contre-tensions (Gegenspannungen) *avec un point qui amène une construction extérieure, à la pulsation intérieure.*

Tableau 21. Ligne.
Double résonance : tensions froides des droites, tensions chaudes des courbes, du roide au souple, du fléchissant au ferme.

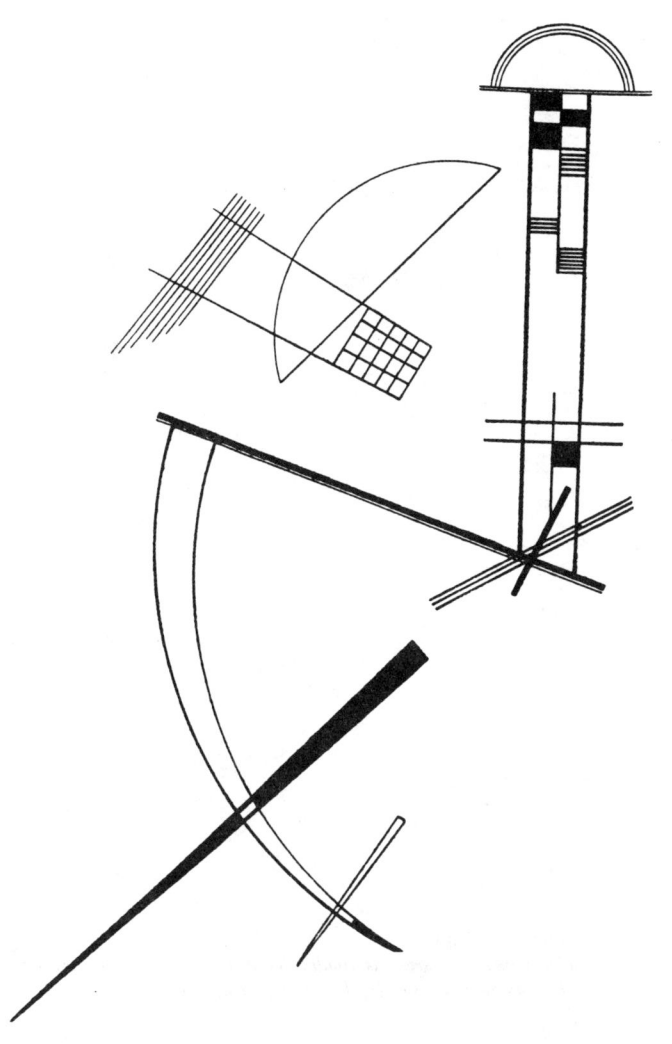

Tableau 22. Ligne.
Vibration colorée obtenue schématiquement grâce à un minimum de couleur (noir).

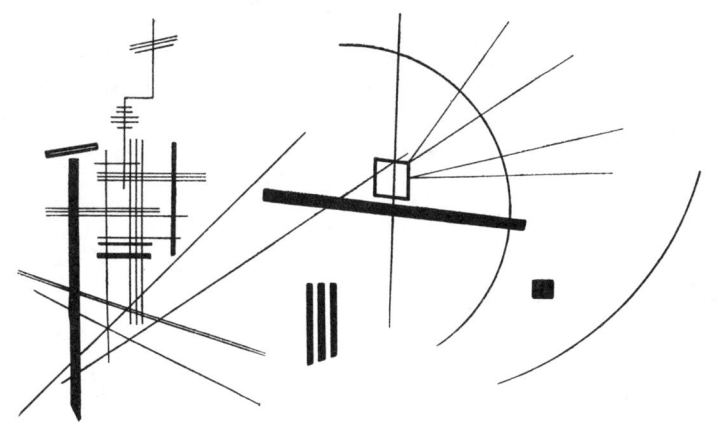

Tableau 23. Ligne.
Correspondance intérieure d'une combinaison de droites avec une courbe (gauche-droite) pour la peinture Triangle noir *(1925)* [31].

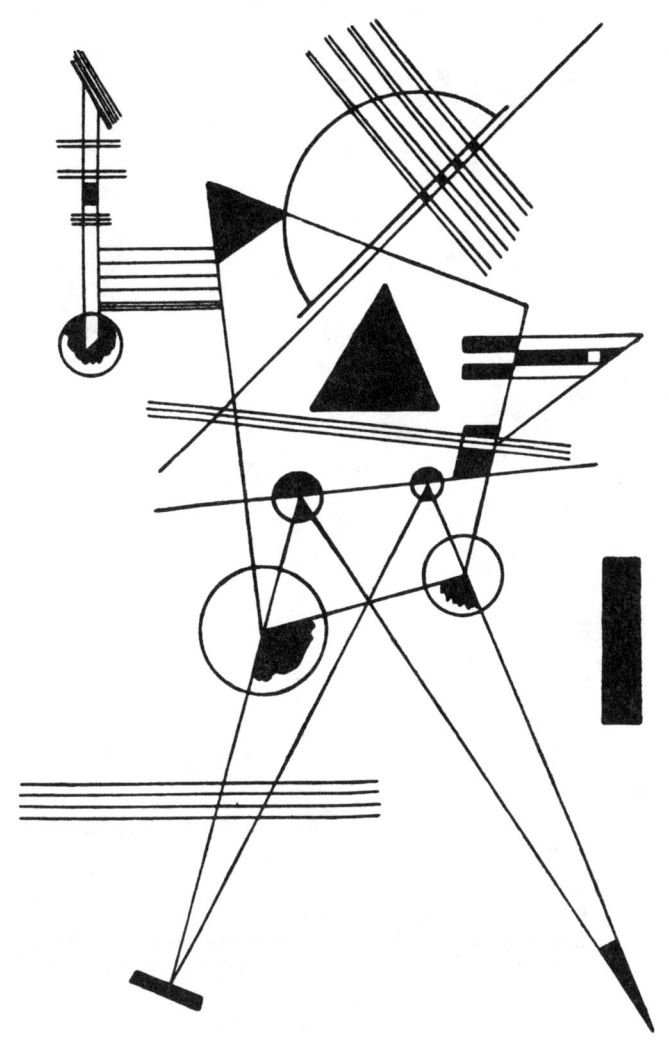

Tableau 24. Ligne.
Organisation horizontale-verticale avec diagonale en contraste et tensions de points. Schéma de la peinture Message intime *(1925)* [32].

Tableau 25. Ligne.
Organisation linéaire de la peinture Petit rêve en rouge *(1924)* [33].

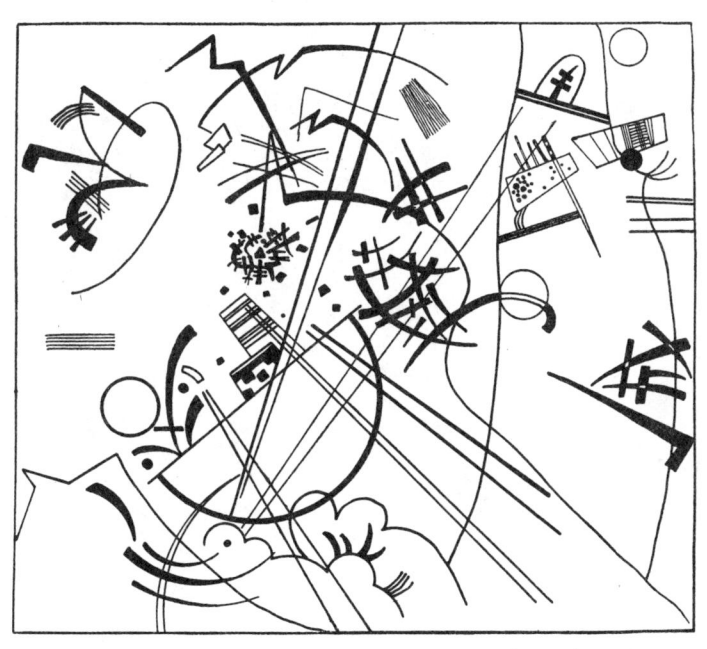

NOTES SUR LE TEXTE

Point et ligne sur plan.

1. Le titre original allemand est *Punkt und Linie zu Fläche, Beitrag zur Analyse der malerischen Elemente.*

La première partie du titre doit être considérée comme une abréviation d'un titre complet qui serait : « *(von) Punkt und Linie zu (der) Fläche* » c'est-à-dire : « du point et de la ligne rapportés au plan », ce que nous pouvons simplifier sans nuire à l'intelligence du texte par : « point et ligne sur plan », titre retenu.

2. Kandinsky écrit, dans la lettre à Franz Marc déjà citée, le 8 novembre 1914 : « Ici, j'ai commencé à écrire la théorie picturale pour laquelle je me suis préparé lentement dans le cours des dernières années. En gros, j'en ai bâti les lignes principales et les fondements. Quand trouverai-je le temps pour une élaboration plus poussée ? Dieu seul le sait » (*in* Klaus Lankheit : *Wassily Kandinsky-Franz Marc, Briefwechsel*, Munich-Zurich, Piper, 1983, p. 265).

Neuf ans plus tard, Kandinsky est à même de donner corps à une partie de cette théorie. Il écrit le 16 juillet 1925 à Will Grohmann : « Ici, j'ai enfin une pièce réservée à mes travaux écrits et je me suis déjà remis à mon livre. La liaison de la réflexion théorique avec le travail pratique a été bien souvent tout à la fois une nécessité et une grande joie. Et puis je suis sûr que cette liaison est le bon chemin pour l'avenir. On poursuit la route à deux chevaux. » Trois mois plus tard, le 3 novembre : « Je viens de terminer mon livre et j'espère que l'impression commencera bientôt. J'aimerais que mon manuscrit ne soit plus chez moi, sinon je ne cesserai d'y apporter des corrections. Depuis trois mois, je n'ai pas vraiment peint et toutes sortes d'idées demandent à sortir – et si je puis m'exprimer de façon un peu crue, ce que j'éprouve ressemble à une constipation, mais de l'ordre spirituel. » (Cité par Will Grohmann : *Wassily Kandinsky, sa vie, son œuvre*, Paris, Flammarion, 1958, p. 180.)

3. Kandinsky va illustrer cette idée dans la suite du texte. Le point va être arraché de sa fonction liée à l'écriture et là se révèle sa résonance propre. Le changement des signes en symboles apparaît donc bien pour Kandinsky comme le passage du langage (écrit) à la résonance intérieure de la forme. Nous sommes en droit de nous demander pourquoi l'auteur utilise ici le mot « symbole » (*so werden die toten Zeichen zu lebenden Symbolen, und so wird das Tote lebendig*) alors que le mot ne réapparaîtra plus tout au long du texte et qu'il s'agit d'une notion relativement étrangère à sa problématique puisque la résonance intérieure ne débouche pas nécessairement sur un postulat d'analogie entre la forme qui a déclenché la vibration et quelque chose qui lui correspondrait dans un univers suprasensible organisé. Autrement dit, le terme « symbole » utilisé ici est une approximation dont la seule pertinence est qu'elle manifeste l'éloignement radical par rapport au « signe » mais qui en aucun cas ne doit nous amener à conclure que nous sommes au seuil d'un système symbolique de la forme.

4. Ici, le terme utilisé est le néologisme *Doppelklang*, déjà employé dans *Du Spirituel dans l'art*. Il s'agit à proprement parler d'une résonance double issue de la présence de deux sonorités dans la même force. Kandinsky se sert aussi du terme *Zweiklang*, de sens équivalent.

On trouve également sous sa plume le néologisme *Dreiklang*, triple résonance et *Grundklang* ou résonance fondamentale (ou originelle).

Il est bien évident qu'en même temps Kandinsky se réfère au terme *Einklang* c'est-à-dire littéralement « résonance unique », mais aussi et surtout « harmonie ». C'est qu'en fait Kandinsky s'attache bien à étudier et à définir l'harmonie proprement liée à la composition, celle qui est fondée sur la multiplication des résonances. C'est la raison des néologismes : « Double-résonance » ou « Triple-résonance » signifiant alors harmonie fondée sur une résonance non pas unifiée, mais contrastée ou au moins disparate. La « résonance-fondamentale » est une sorte de point de départ vers la composition, préoccupation centrale de ce livre.

5. Article publié en 1923 dans le livre *Staatliches Bauhaus Weimar 1919-1923* au cours de la première grande exposition du Bauhaus qui eut lieu pendant l'été 1923. Le groupe des professeurs y montrait le travail des années fondatrices dans les différents ateliers. Kandinsky lui-même publia trois articles supposés connus par conséquent des étudiants du Bauhaus : outre « Les éléments fondamentaux de la forme » (*cf. Ecrits complets*, Paris, 1971, tome 2, p. 289) cité ici, les deux autres sont : « Cours et séminaire sur la couleur » (*ibidem*, p. 293) et « De la synthèse scénique abstraite » (*ibidem*, tome 3, p. 53).

6. Kandinsky multiplia les efforts à Moscou entre 1918 et 1921. Il entra au Commissariat pour la culture populaire (*Narkompros*), enseigna aux *Vkhoutemas*, créa de nombreux musées en province, contribua à la création de l'*Inkhouk*, Institut de culture populaire, s'occupa de la revue *Iskousstvo*, fut nommé professeur honoraire à l'Université de Moscou et enfin fonda une Académie des arts et des sciences dont il était le vice-président. C'est de cette dernière, très certainement, qu'il est ici question.

7. Pour Kandinsky, le temps joue un rôle essentiel dans toute l'approche de la théorie de l'art. Il note dans *Regards sur le passé* que chez Rembrandt, « la grande séparation du clair-obscur [...] fixe comme par enchantement sur la toile un élément initialement étranger à la peinture et qui paraît difficilement saisissable : le temps. » (Kandinsky, *Regards sur le passé*, éd. par Jean-Paul Bouillon, Paris, Hermann, 1974, p. 102-103.) Un peu plus loin, dans le même texte, il nous

dévoile un aspect de cette utilisation du temps : « J'ai voulu mettre dans chaque partie une série " infinie " de tons qui n'apparaissent pas à première vue. Ils doivent d'abord rester entièrement *cachés* surtout dans la partie sombre, et ne se révéler qu'avec le *temps* au spectateur profondément attentif, d'abord confusément et comme en s'essayant, pour résonner ensuite de plus en plus, avec une force croissante et angoissante. » (*Ibidem*, p. 103-104.) Mais il ne faut pas oublier l'aspect essentiel, c'est ce que l'auteur appelle ici l' « évidence de l'élément temps en peinture ». Renvoyons à ce sujet au rôle essentiel que joue l'élément temps dans la théorie des couleurs (*cf.* notre texte « Kandinsky philosophe », introduction à Kandinsky, *Du Spirituel dans l'art*, Paris, Gallimard/Folio, 1989, p. 34). Le temps joue un rôle essentiel dans la théorie des couleurs, à la fois comme temps de l'itinéraire – blanc/noir – et comme temps de la « chromogonie » ce qui revient finalement à la même chose.

Ici, dans *Point et ligne sur plan*, le choix même du point comme élément de départ dynamique va soumettre l'ensemble de la question de la forme à la durée, ce qui se manifeste, symétriquement à la théorie des couleurs, dans la morphogonie.

8. *Kultur der Gegenwart* (Culture du présent), encyclopédie qui parut en Allemagne durant les années vingt. Cette encyclopédie fut très appréciée au Bauhaus, particulièrement pour les illustrations qui semblent avoir exercé une influence importante, par exemple sur le travail de Paul Klee (*cf.* Sara Lynn Henry, « Form-Creating Energies : Paul Klee and Physics », *Arts Magazine* 52, N° 1, septembre 1977).

9. Il s'agit ici du portail extérieur du temple Lingying-si, dont nous est montrée l'extrémité droite du toit relevée en pointe.

10. Cette pagode est appelée en chinois *Longhua si*. Elle se trouve non loin de Shangaï, dans la province de Jiangsu, et date de l'époque des Song. Le nom de la pagode pourrait

aussi être traduit « pagode de la fleur (luxuriance) du dragon ».

11. Gret Palucca est née à Munich le 8 janvier 1902. En 1925, c'est-à-dire à vingt-trois ans, elle avait ouvert à Dresde sa propre école de danse après une carrière fulgurante qui lui avait valu une réputation internationale à cause de son style extrêmement libre, vif et naturel, à l'opposé de toute affectation. Kandinsky lui consacra aussi un article dans *das Kunstblatt* en 1925 : « Tanzkurven : Zu den Tänzen der Palucca » et dans *Der Sturm* en 1928, dans lequel il donne d'autres schémas linéaires d'après les mouvements du corps de la danseuse. Palucca était le représentant le plus en vue de la danse expressive (*Ausdruckstanz*). Elle dansait sur des airs de musique populaire ou des musiques de Bartok, Debussy, Prokofiev et Richard Strauss.

12. *Testimonium paupertatis* (marque de pauvreté). En mars 1937, Kandinsky écrira un poème portant ce titre, qui fut publié dans le quatrième numéro de la revue *Plastique* fondée et animée par Sophie Taeuber-Arp.

13. La tentative à laquelle Kandinsky fait allusion eut lieu à l'Inkhouk en 1920 et se solda par un échec qu'il semble attribuer ici à l'immaturité de l'époque. Il nous est parvenu un document sur cette tentative. C'est le « plan schématique d'études et de travail pour l'Inkhouk » (*cf. Ecrits complets, op. cit.* tome 3, p. 123-142).

Rien de plus émouvant que ce texte où Kandinsky à l'époque semble avoir atteint son but : l'expérimentation scientifique de ses découvertes dans un véritable laboratoire de sciences de l'art.

En fait, autant qu'à l'immaturité de l'époque, il faut attribuer cet échec au fait que Kandinsky a toujours beaucoup de mal à résumer ses découvertes antérieures et que chaque fois qu'il le fait, c'est presque maladroitement, exposant plus le résultat que le cheminement et oubliant finalement d'énoncer ses postulats fondamentaux qui sont le fruit d'une expérience personnelle d'une rare pertinence.

De ce fait, il rend sa théorie en grande partie incommunicable et son discours tout empreint d'une calme certitude, légèrement inattendu. Enfin et surtout à l'époque en Russie, il semble parfaitement inconscient du fait que sa théorie est une machine de guerre contre le matérialisme et que c'est ce dernier, et non pas le « grand spirituel », qui est en train d'établir son règne dans les esprits qui l'entourent. C'est donc très probablement cette incapacité et cette naïveté qui lui vaudront l'échec retentissant de son projet de programme pour l'Inkhouk et la cabale qui s'ensuivit, dirigée contre lui par la jeune génération.

14. La diagonale est un équilibre du chaud-froid, qui est le constraste fondamental des couleurs vives. Elle est donc de la couleur de la troisième primaire, le rouge, qui a précisément la caractéristique de détenir une nature indépendante vis à vis des qualités de chaud et de froid : « cette couleur a la propriété de conserver à peu près le ton fondamental et de paraître en même temps typiquement chaude et froide. » (*Du Spirituel dans l'art, op. cit.* p. 158.) Et ainsi, *dans cette caractéristique*, le rouge est rendu interchangeable avec les deux autres couleurs neutres par rapport aux qualités chaud/froid, c'est-à-dire le gris et le vert (qui constitue avec le rouge le contraste III dans la théorie des couleurs). Voir aussi note 19.

15. Il est à noter que cette répartition du plan carré en quatre parties est la disposition de base de la composition du caractère dans la calligraphie chinoise.

16. Donc juxtaposer les deux sonorités (chaude et froide) de la ligne verticale et de la ligne horizontale se croisant au centre du plan, aux quatre sonorités du plan (deux verticales chaudes et deux horizontales froides), ne donne pas pour résultat les six sonorités cumulées que nous serions en droit d'attendre : trois chaudes et trois froides. Cet acte nous fait passer à un autre ordre, celui de la composition où, dans le cas présent et en analysant la figure sur le plan de la résonance, nous pouvons déterminer douze sonorités, six chaudes et six froides correspondant aux six segments visibles.

17. Schenchine est signalé comme appartenant au petit groupe des « ultrachromatistes » russes, groupe dirigé par le petit-fils de Rimsky-Korsakov et axé sur l'utilisation des micro-intervalles.

18. Pour bien comprendre ce tableau, nous devons nous rappeler comment est construit le système des couleurs complémentaires, car c'est un raisonnement similaire que suit Kandinsky pour appuyer la relation entre les formes primaires et les couleurs primaires déjà déduite de l'analyse des angles.

Du point de vue optique, en effet, les couleurs se divisent schématiquement en couleurs génératrices ou primaires et en couleurs composites ou binaires. Les couleurs primaires sont le jaune, le rouge et le bleu. Les couleurs binaires sont l'orangé, le vert et le violet. La lumière blanche contenant les trois couleurs génératrices, chacune de ces couleurs sert de complément aux deux autres pour former l'équivalent de la lumière blanche. Donc est complémentaire chacune des trois couleurs primaires, par rapport à la couleur binaire qui lui correspond.

19. Il est relativement surprenant de voir ici cette équivalence entre tensions passives et rouge. On se souvient que dans *Du Spirituel dans l'art*, Kandinsky nous parle du rouge comme étant « fortement actif » (*op. cit.* p. 157). Toutefois nous ne devons pas nous hâter de conclure à l'incohérence. Comme toujours, dans l'analyse, Kandinsky veut approcher la résonance de l'élément par plusieurs voies, y compris celle de la cohérence logique. C'est de celle-ci qu'il est question ici. Or, la structure des formes « primaires » issue des trois types-sources de lignes se résume à trois, ce qui nous conduit à ramener la théorie des couleurs à un ternaire. La parenté établie du jaune et du blanc et la parenté du bleu et du noir conduisent aux deux premières couleurs qui sont jaune et bleu. Quant à la troisième, elle est celle qui est induite des mélanges du noir et du blanc donnant le gris et du bleu et du jaune donnant le vert, c'est le rouge. C'est pourquoi en tête du tableau,

Kandinsky va poser l'équivalence entre gris/vert et rouge. C'est dans ces conditions que le rouge peut garder une sorte de résiduel passif issu de l'annulation des mouvements, précisément à cause de cette équivalence. De plus rappelons que si le rouge est actif, il l'est en soi et que cette activité ne se manifeste vers l'extérieur que lorsqu'il sort de ses limites pour aller vers le jaune (→ orangé) ou vers le bleu (→ violet) c'est-à-dire lorsqu'il renonce à être en lui-même. Pour le reste, le cercle a une tension active qui le referme sur lui-même, en tant que ligne dramatique, issue de deux forces contradictoires et une tension passive qui tient à sa faculté (équivalente à celle de l'angle obtus) de s'ouvrir au maximum au plan.

Il est permis de se demander si le rapprochement du cercle et de l'angle obtus ne suffisait pas à établir la vocation du cercle pour le bleu. Mais ici, il semble important à Kandinsky, tout en admettant que le cercle est d'une nature différente du triangle et du carré, de finir la mise en place du tableau complet des trois formes primaires en appliquant le raisonnement cumulatif au cercle, puisqu'il a fonctionné pour le triangle et pour le carré. Ici, le postulat de la conformité aux lois (*Gesetzmäßigkeit*) semble moteur. Kandinsky n'a de cesse de vérifier ce tableau par l'expérimentation. C'était l'objet du célèbre questionnaire au Bauhaus (voir illustration p. 8) et il eut parfois des déceptions, puisque par exemple Paul Klee fut réservé sur le rapport entre le jaune et le triangle, arguant – curieusement – que le centre de l'œuf est jaune et circulaire. Quant à Oscar Schlemmer, lui se sentait autorisé à estimer que le rouge correspondait au cercle et le bleu au carré (Clark V. Poling, *Kandinsky's Teaching at the Bauhaus*, New York, Rizzoli, 1986, p. 152, note 96). Il est toutefois remarquable de constater que dans les deux cas, la discussion met en jeu une sorte d'impression, étrangère à la cohérence chromogonique, fondée sur des arguments qui font craindre que l'expérience demandée par Kandinsky n'ait pas réellement eu lieu...

20. L'idée de Kandinsky doit être claire : chaque nation a sa vocation propre dans l'ensemble général. Cette idée semble une évidence pour un Russe car la Russie a toujours

eu une conscience très claire de la mission qui lui est destinée. Dans la tradition slave, la Russie assume en effet une sorte de fonction messianique qui tient à la fois au fait qu'elle a reçu l'héritage de Byzance et continue donc la tradition, Moscou étant la troisième Rome et à la permanence de son combat contre les ennemis du Christ.

C'est donc tout naturellement que le Russe est porté à croire à l'existence d'un concert spirituel des nations où chacun jouant sa partie va pouvoir contribuer à l'harmonie ou être responsable de la dissonance.

21. L'ellipse se définit comme une courbe plane fermée dont chaque point est tel que la somme de ses distances à deux points fixes appelés foyers est constante. La lemniscate est une courbe qui est le lieu géométrique des points tels que le produit de leur distance à deux points fixes est constant. La parabole est une ligne courbe dont chacun des points est situé à égale distance d'un point fixe (foyer) et d'une droite fixe (directrice). L'hyperbole, enfin, se définit mathématiquement comme la courbe géométrique formée par les points d'un plan dont les distances à deux points fixes de ce plan ont une différence constante.

22. Logiquement, l'image « dans le miroir » et l'image « sur la tête » sont équivalentes à l'image dans sa position normale et pourtant ces images ne fonctionnent pas, comme le savent tous les peintres. Cela veut dire que contrairement à ce que l'on peut penser, une image, même abstraite, ne se retourne pas. Kandinsky qualifie ce phénomène d'assez mystérieux parce qu'au fond c'est l'analyse du plan originel et *in fine* ce qu'il révèle sur la théorie de la forme qui explique cette orientation intangible de l'image.

23. Il est ici fait référence au danseur Alexandre Sakarov qui fut membre de la Neue Künstler-Vereinigung dont Kandinsky fut président à Munich avant la Première Guerre mondiale.

24. Il s'agit des formules exprimées de manière graphique (*graphischen Formeln*), ce qui en français prête à confu-

sion, c'est pourquoi nous utilisons le terme de « formules plastiques » qui évite la confusion possible avec les transcriptions en lignes de résultats chiffrés, en français courant « graphiques », que la langue allemande appelle *Tabellen* ou *Diagramme* (*cf.* figure 67).

25. Il est important de bien voir la différence entre construction et composition dans la pensée de Kandinsky car c'est cette différence qui constitue la base des malentendus avec les constructivistes. Kandinksy est loin de nier l'intérêt de la construction qui est « combinaison rationnelle des éléments » mais la construction est à un certain moment complétée et dépassée par la composition à laquelle elle est soumise. La composition elle-même est affaire de contenu, puisque c'est « la subordination intérieurement conforme au but 1. des éléments isolés et 2. de la construction, à la fin picturale concrète ». Or, la rigueur constructiviste semble éliminer cette notion de composition si difficile à cerner et qui est liée à des postulats résolument spiritualistes.

26. Une telle remarque est assez significative de la méthode de Kandinsky qui veut aller par tous les moyens à la recherche de l'ordonnancement des choses. En fait, tout donné observable nous met sur le chemin d'une certaine conformité aux lois. C'est la justification de ce parallèle insolite entre les procédés de gravure et les options de l'organisation sociale. En fait, la logique même de l'outil de communication recèle en elle-même les options possibles de la communication, ce qui établit la « conformité aux lois » de l'activité créatrice dans ses instruments et ses méthodes mêmes.

27. Il est plus que vraisemblable que lorsqu'il parle d'une « combinaison du plan originel le plus objectif avec un seul élément également de la plus grande objectivité [qui] produit un froid mortel — et peut être considérée comme un symbole de la mort », Kandinsky fait allusion au *Quadrangle* (1915) de Malévitch, communément appelé « carré noir sur fond blanc », à l'occasion duquel ce dernier affirme dans un tract : « Je me suis transfiguré dans le zéro

des formes. » (Voir la remarquable analyse de Jean-Claude Marcadé : *Malévitch*, Paris, Casterman, 1990, p. 133 sq.)

On doit noter que chez Kandinsky, il n'y a pas de zéro des formes. Le point de départ de l'aventure graphique, le point, est le début du geste même qui génère les formes, « abstraites », de l'écriture, comme nous pouvons le voir dans le texte de Kandinsky. Il occupe par conséquent chez Kandinsky la place du « minuit de l'art » qui est celle du carré noir chez Malévitch.

Mais, plus profondément, les conditions mêmes de l'apparition du *Quadrangle* en tant que *Victoire sur le soleil*, en fait l'antinomie exacte du IIIe tableau de la théorie des couleurs de Kandinsky où se développe un mouvement anagogique beaucoup plus proche de l'icône (dont Kandinsky ne parle pas) que le *Quadrangle*, que Malévitch dénomme : l' « icône de notre temps ». C'est ainsi que Kandinsky peut conclure (implicitement) que le *Quadrangle* est un symbole de la mort et il est effectivement fondé à le faire puisque dans la théologie de l'icône, la figuration de la mort (tombeau de Lazare dans *La Résurrection du juste Lazare*, tombeau du Sauveur dans *Les Myrrhophores au tombeau* ou limbes dans *La Résurrection-Descente aux limbes*) est toujours caractérisée par la couleur noire.

28. Kandinsky veut dire ici que la gauche du plan pictural se trouve en face de la gauche du spectateur – ou de l'artiste – et non pas, comme ce devrait être le cas puisque le plan originel doit être compris et traité comme un être vivant, en face de sa droite. Il ne faut rien voir dans cette constatation que de très banal : ce que *j'appelle* « la gauche » du tableau est ce qui se trouve à ma gauche et « la droite » à ma droite.

Mais cela posé, le plan demeure cet être vivant qui me fait face et c'est pourquoi dans le texte qui suit c'est la gauche du plan qui va recevoir la résonance de liberté qui appartient à ma droite. De la même manière, si j'observe une icône du Jugement dernier ou la *Déesis*, ce que je trouve à la *gauche* de l'icône est bien ce qui se situe à la *droite* du Sauveur, mais que je ne puis pas dans ma description qualifier de « droite » parce qu'il m'est impossible dans le langage de sortir des limites de ma subjectivité. Kandinsky dit bien dans la note qui suit dans le texte : « Mais cette prise de position : – ce qui se trouve en face de ma droite est " à droite " – s'explique peut-être par l'impossibilité d'être parfaitement objectif en face d'une œuvre et d'exclure totalement toute subjectivité. »

Il convient toutefois d'observer que dès que nous abandonnons le langage strict de la description extérieure (gauche-droite) pour nous intéresser à la résonance intérieure, le plan retrouve sa véritable latéralisation et notre subjectivité est dépassée.

29. Cette composition a été détruite. Elle est répertoriée dans le catalogue de Kandinsky sous le numéro 92 (*cf.* Grohmann, *op. cit.* p. 331).

30. Cette composition est répertoriée dans le catalogue de Kandinsky sous le numéro 125 (*cf.* Grohman, *op. cit.* p. 332).

31. *Schwarzes Dreieck* (1925), catalogue de Kandinsky n° 320 (*cf.* Grohmann, *op. cit.* p. 335).

32. *Intime Mitteilung* (1925), catalogue de Kandinsky n° 310 (*cf.* Grohmann, *op. cit.* p. 335).

33. *Kleiner Traum in Rot* (1925), catalogue de Kandinsky n° 311 (*cf.* Grohmann, *op, cit.* p. 335).

Préface : Kandinsky philosophe II. *Le défi de la théorie des formes : en quoi l'art abstrait est-il fondé à devenir support de l'image prophétique ?* par Philippe Sers   III

Avant-propos de la première édition   9
Avant-propos de la deuxième édition   11

Introduction   13
Point   23
Ligne   65
Plan originel   141
Appendice   185

Notes sur le texte : Point et ligne sur plan.   237

DU MÊME AUTEUR

DU SPIRITUEL DANS L'ART ET DANS LA PEINTURE EN PARTICULIER, édition établie et présentée par Philippe Sers, Paris, Gallimard, 1989 (Folio essais n° 72).

L'ALMANACH DU BLAUE REITER, édité par Liliane Brion-Guerry, présenté par Klaus Lankheit, Paris, Klincksieck, 1981.

REGARDS SUR LE PASSÉ ET AUTRES TEXTES 1912-1922, édition établie et présentée par Jean-Paul Bouillon, Paris, Hermann, 1974.

KLÄNGE (poèmes), Paris, Bourgois, 1987.

COURS DU BAUHAUS, édition établie et présentée par Philippe Sers, Paris, Denoël, 1975.

ÉCRITS COMPLETS, T. II, LA FORME, édition établie et présentée par Philippe Sers, Paris, Denoël, 1970.

ÉCRITS COMPLETS, T. III, LA SYNTHÈSE DES ARTS, édition établie et présentée par Philippe Sers, Paris, Denoël, 1975.

L'ART EN FOLIO ESSAIS

(extrait du catalogue)

APOLLINAIRE, Guillaume
 Chroniques d'art (n° 221)
BACON, Francis
 Entretiens avec Michel Archimbaud (n° 289)
BAUDELAIRE, Charles
 Critique d'art suivi de *Critique musicale (n° 183)*
BONAFOUX, Pascal
 Van Gogh par Vincent (n° 112)
CABANNE, Pierre
 Le siècle de Picasso
 Tome I. *La naissance du cubisme (n° 173)*
 Tome II. *La guerre, la gloire et la solitude (n° 174)*
 Tome III. *Guernica et la guerre (1937-1955) (n° 185)*
 Tome IV. *La gloire et la solitude (1953-1973) (n° 186)*
 André Derain (n° 253)
CAILLOIS, Roger
 Babel précédé de *Vocabulaire esthétique (n° 291)*
CLAUDEL, Paul
 L'œil écoute (n° 127)
DEBRAY, Régis
 Vie et mort de l'image (n° 261)
DUBUFFET, Jean
 L'homme du commun à l'ouvrage (n° 162)
FAURE, Elie
 L'Esprit des Formes
 Tome I *(n° 176)*
 Tome II *(n° 177)*

Histoire de l'art
Tome I. *L'art antique (n° 62)*
Tome II. *L'art médiéval (n° 63)*
Tome III. *L'art renaissant (n° 64)*
Tome IV. *L'art moderne I (n° 65)*
Tome V. *L'art moderne II (n° 66)*

GAUGUIN, Paul
Oviri (n° 132)

JIMENEZ, Marc
Qu'est-ce que l'esthétique ? (n° 303)

KAHNWEILER, Daniel-Henry
Juan Gris (n° 153)

KANDINSKY, Wassily
Du spirituel dans l'art et dans la peinture en particulier (n° 72)
Point et ligne sur plan (n° 168)

KANT, Emmanuel
Critique de la faculté de juger suivi d'*Idée d'une histoire universelle au point de vue cosmopolitique* et de *Réponse à la question : Qu'est-ce que les Lumières ? (n° 134)*

KLEE, Paul
Théorie de l'art moderne (n° 322)

LÉGER, Fernand
Fonctions de la peinture (n° 309)

MALRAUX, André
Le Musée imaginaire (n° 300)

MERLEAU-PONTY, Maurice
L'œil et l'esprit (n° 13)

PAULHAN, Jean
La peinture cubiste (n° 136)

PICON, Gaëtan
1863 Naissance de la peinture moderne (n° 295)

PLEYNET, Marcelin
Henri Matisse (n° 215)

ROUAULT, Georges
Sur l'art et sur la vie (n° 187)

ROY, Claude
L'amour de la peinture (n° 75)

L'art à la source
Tome I. *Arts premiers, arts sauvages (n° 207)*
Tome II. *Arts baroques, arts classiques, arts fantastiques (n° 208)*

STENDHAL
Histoire de la peinture en Italie (n° 297)

TÀPIES, Antoni
La pratique de l'art (n° 254)

VALÉRY, Paul
Degas Danse Dessin (n° 323)
Introduction à la méthode de Léonard de Vinci (n° 195)

WITTGENSTEIN, Ludwig
Leçons et conversations sur l'esthétique, la psychologie et la croyance religieuse suivi de *Conférence sur l'Éthique (n° 190)*

*Impression Bussière à Saint-Amand (Cher),
le 4 septembre 2001.
Dépôt légal : septembre 2001.
1er dépôt légal dans la collection : novembre 1991.
Numéro d'imprimeur : 15238.*
ISBN 2-07-032639-X./Imprimé en France.

6106